Alexander Markus Homes

GESTOHLENE KINDHEIT

Alexander Markus Homes

GESTOHLENE KINDHEIT

Ein Heimkind packt aus

Patmos Verlag
Düsseldorf

Die Deutsche Bibliothek – CIP-Einheitsaufnahme
Homes, Alexander Markus:
Gestohlene Kindheit : ein Heimkind packt aus /
Alexander Markus Homes. –
1. Aufl. – Düsseldorf : Patmos-Verl., 1996
ISBN 3–491–72355–8

1. Auflage 1996
Umschlaggestaltung: Volker Butenschön, Lüneburg
Satz: Fotosatz Froitzheim AG, Bonn
Druck und Bindung: Freiburger Graphische Betriebe, Freiburg

ISBN 3-491-72355-8

Inhalt

»Wenn ich alle die Gefühle und ihren qualvollen Widerstand auf ein Grundgefühl zurückführen und mit einem einzigen Namen bezeichnen sollte, so wüßte ich kein anderes Wort als: Angst!

Angst war es, Angst und Unsicherheit, was ich in all jenen Stunden des gestörten Kinderglücks empfand:

Angst vor Strafen, Angst vor Regungen meiner Seele, die ich als verboten und verbrecherisch empfand.«

Hermann Hesse

Dieses Buch widme ich Frau Marlies Schwochow, die mir mit großem Einfühlungsvermögen, Engagement und Einsatz zur Seite stand.

Vorwort

»Wir konnten nicht begreifen, warum man uns gedemütigt, fallengelassen, bedroht, ausgelacht, wie Holz behandelt, mit uns wie mit Puppen gespielt oder uns blutig geschlagen hat oder abwechselnd beides. Mehr noch, wir durften nicht einmal merken, daß uns all dies geschieht, weil man uns alle Mißhandlungen als zu unserem Wohl notwendige Maßnahmen angepriesen hat.«

Alice Miller,
Am Anfang war Erziehung

1 Gewalt gegen Kinder – ganz normal? Oder: Was totgeschwiegen wird

In diesem Buch wird das Leben von jungen Menschen in einem von einem Priester und Nonnen geleiteten katholischen Heim geschildert: Aus der Innenwelt dieses Heimes beschreibt der Autor die körperliche und seelische Gewalt, die Demütigung, Erniedrigung und Ablehnung, die Ängste, Schmerzen und Trauer, die Hoffnungslosigkeit und Einsamkeit sowie den sexuellen Mißbrauch, denen Kinder im ›Namen Gottes‹ durch Nonnen, den Priester und Erzieherinnen im *Heim der traurigen Kinder* hilflos ausgeliefert sind. Aber auch die unerfüllten Hoffnungen, Wünsche, Sehnsüchte nach Wärme, Geborgenheit und Zärtlichkeit der Opfer der ›Schwarzen Pädagogik‹ werden geschildert. Das Erleben von Gewalt in ihren schlimmsten Formen, der die Kinder durch eine Nonne hilflos und wehrlos ausgesetzt sind, ist für diese jungen Menschen das Durchleben der Hölle auf Erden. Diese Nonne, Schwester Emanuela, wird im Verlauf der Handlung in sich steigernder Form zum Synonym für brutalste Gewalt.

Wie ein roter Faden zieht sich durch das Buch der langsame, körperliche wie auch seelische Verfall der Kinder: Am Anfang ihrer ›Heim-Karriere‹ waren diese Kinder oft noch Kinder, auch wenn sie zuvor im Elternhaus mißhandelt wurden. Doch im Verlauf ihres ›Heim-Lebens‹ hat man sie durch die psychische, physische und verbale Gewalt (›Gott wird euch bestrafen; für euch ist nicht der Himmel, sondern die Hölle und das Fegefeuer bestimmt!‹), aber auch durch medikamentöse Ruhigstellung, Stück für Stück ihrer Kindheit (und: Unschuld) beraubt. Diese ›Kinder‹ haben die kindliche Spontanität verloren: Diese ›Kinder‹ lachen nicht mehr, sie können nicht mehr glücklich sein und keine Gefühle zeigen.

Aus der Innenwelt der (sexuell) mißbrauchten Kinder heraus wird das hilflose Ausgeliefertsein, die tiefe gefühlsmäßige Abneigung durch die Erwachsenen, die großen Schmerzen und Ängste, die sich immer tiefer in die Kinderseelen hineinfressen, geschildert.

Die Leser erleben, wie das Jugendamt und die Polizei in einem ›Kartell des Schweigens‹ durch ein Heimkind, das sich kurzfristig den ›Mauern der Gewalt‹ durch Flucht entziehen konnte, über die alltägliche Gewalt im *Heim der traurigen Kinder* aufgeklärt werden.

Doch mehr als Betroffenheit zeigen die Verantwortlichen nicht; sie schweigen.

Die Leser erleben einen Richter, der durch ein Heimkind von der alltäglichen Gewalt im Heim erfährt, der aber schweigt. Und der sich somit in das ›Kartell des Schweigens‹ einreiht. Der Richter, der für das Kind nur die Worte übrig hat: ›Mein Junge, Gott möge dich beschützen!‹, spricht sich ›Im Namen des Volkes‹ für die weitere Heimunterbringung dieses Heimkindes aus – und verkündet auf Antrag des Jugendamts, der Heimleitung und des Heimarztes, der diesen Jungen sexuell mißbraucht hat, stillschweigend einen entsprechenden Gerichtsbeschluß.

Die Leser erleben, wie sich eine einzige Nonne – allerdings vergeblich – für die Heimkinder einsetzt, die auch keine Konfrontation mit dem Heimleiter, der auch gleichzeitig Priester ist, scheut – und die sich das Leben nimmt.

Der Autor hat ganz bewußt die Romanform gewählt, um die dort beschriebenen Kinder zu schützen. Der Autor verbürgt sich dafür, daß diese Heime und Menschen existieren und daß diese die in diesem dokumentarischen und authentischen Roman beschriebene physische und psychische Gewalt, Demütigung, Erniedrigung, Herabwürdigung tatsächlich erlebt haben. Diese gefolterten und für ihr Leben geschädigten Opfer der ›Schwarzen Pädagogik‹, der klerikalen (Heim-)Erziehung wollen mit Namen nicht genannt werden. Ihr alleiniges Ziel ist es, die für sie unerträgliche Erinnerung an dieses ›Leben‹: diese ›Kindheit‹, diese ›Jugend‹ aus ihrem Gedächtnis zu verdrängen und abzutöten. Doch nach Meinung des Autors verkennen sie die unumstößliche Tatsache, daß diese ›Kindheit‹ und ›Jugend‹ sich nicht verdrängen und abtöten läßt. Dennoch respektiert der Autor den Wunsch der Betroffenen nach Anonymität.

Die verbalen, seelischen und körperlichen Gewaltakte gegenüber Kindern, die in diesem Buch beschrieben werden, sind weder übertrieben noch veraltet. So fanden sie statt, und so finden sie auch heute noch statt. Natürlich nicht überall, in jedem Heim, aber oft genug. Eine Gestalt wie die der Schwester Emanuela wurde nicht erfunden, solche Personen gab und gibt es. Fromme Gelassenheit und Nächstenliebe konnte jäh umschlagen in heftigste Wut, die sich in verbalen, psychischen wie physischen Attacken Kindern gegenüber äußerte. Wieweit Gewalt ganz bewußt als ›pädagogisches Mittel‹ eingesetzt wird, ist nicht statistisch erfaßt, aber die Fälle, die ans Licht der Öffentlichkeit kommen, beweisen, daß es keine seltenen Einzelfälle sind.

Ich bin 1961, nachdem meine Eltern mich vielfach schwer mißhandelt hatten, mit knapp zwei Jahren ins Heim gekommen. Mit sieben Jahren wurde mir von pädagogischen ›Experten‹ *Debilität* (Med.: leichter Grad des Schwachsinns) unterstellt. Dies hatte für mich katastrophale Folgen: Ich kam 1966 in eine Anstalt für Geisteskranke, das katholische St. Vincenzstift in Rüdesheim-Aulhausen. Eine Anstalt, in der – damals – etwa vierhundert Jungen und Mädchen, Frauen und Männer untergebracht waren. Ihnen wurde von diesen ›Experten‹ bescheinigt, geisteskrank bzw. geistig behindert zu sein.

Das St. Vincenzstift war damals die ›Hölle auf Erden‹: Im ›Namen Gottes‹, im ›Namen Jesu Christi‹, im Namen der ›Schwarzen Pädagogik‹ wurden Kinder und Jugendliche zum Teil schlimmsten körperlichen und seelischen Mißhandlungen ausgesetzt bzw. unterworfen. Wenn ich die Formulierung: im ›Namen Gottes‹ bzw. im ›Namen Jesu Christi‹ hier verwende, so hat das seine Berechtigung: Uns wurde immer wieder zu verstehen gegeben, daß wir von den Stellvertretern Gottes und Jesu Christi – konkret: im Namen und Auftrag von Gott und seinem Sohn Jesus Christus – erzogen wurden. Der liebe Gott sei allgegenwärtig, er würde uns auf Schritt und Tritt verfolgen, beobachten, kontrollieren. Jede körperliche Bewegung, jeder Atemzug, jeder Gedanke und jede Gefühlsregung würde Gott seinen Stellvertretern mitteilen. Kurzum: Gott habe die göttliche überirdische Fähigkeit, uns mit seinen Augen und Ohren zu kontrollieren: jede Sekunde, Minute, Stunde, Tag, Monat und Jahr.

Wenn wir bedroht, bestraft, geschlagen, mißhandelt wurden, so haben die Nonnen – stellvertretend – im Auftrag Gottes gehandelt: Es waren Gottes Worte, Gottes mahnende und aggressive Blicke, Gottes Hände, Gottes Füße, die uns beschimpften, demütigten, bestraften, prügelten. Es war Gottes Wille: Die uns auffressenden Ängste, Schmerzen, Trauer, Vereinsamung, die sich immer tiefer in unsere Seelen hineinbohrte und hineinfraß. Wir hatten unsere Kindheit Gott und seinem Sohn Jesus Christus zu verdanken.

In einer 1981 als Buch erschienenen Heimbiografie mit dem Titel *Prügel vom lieben Gott*, das in den Medien bundesweit große Beachtung fand, habe ich diese Zeit des Grauens beschrieben: Die traumatischen Erlebnisse, die körperliche und seelische Gewalt, die Ängste, die Demütigungen, die seelischen Wunden, die Alpträume, die Lieblosigkeit, die Schmerzen, die Schmerzensschreie, die Aggressivität, den Haß, den Groll, die Bitterkeit. Die Einsamkeit, die Vereinsamung, die Isolierung, die Enttäuschung, die Traurigkeit, die Hoffnungslosigkeit. Den Schrei und die große Sehnsucht nach Liebe, Wärme, Geborgenheit, Anerkennung, Selbstachtung.

Nach der Heimentlassung war ich voller Wut und voller Haß. Ich habe es dennoch geschafft, mich von dieser ›Kindheit‹, die keine Kindheit war, zu befreien. Mir ist es gelungen, die Wut und den Haß zu besiegen. Das Buch *Prügel vom lieben Gott* und unzählige Gespräche mit Menschen haben mich von dieser ›Kindheit‹ befreit wie zahlreiche gerichtliche Auseinandersetzungen mit dem St. Vincenzstift. Das St. Vincenzstift verfolgte das Ziel, die Justiz zu mißbrauchen und mit ihrer Hilfe eine ›Mauer des Schweigens‹ über die

Zeit des Grauens auszubreiten. Ich wurde damals wegen Verleumdung und übler Nachrede angezeigt und angeklagt. In dem Strafprozeß haben zahlreiche frühere Leidensgenossen, aber auch ehemalige Erzieher meine Vorwürfe bestätigt, die Gegenstand meiner Heimbiografie waren. Das Strafverfahren gegen mich wurde eingestellt und ein Strafermittlungsverfahren gegen Nonnen und Erzieher des St. Vincenzstiftes wegen schwerer Körperverletzung, begangen an den ihnen anvertrauten Schutzbefohlenen, eingeleitet. Doch dieses Strafermittlungsverfahren wurde aus formaljuristischen Gründen eingestellt, weil die ihnen vorgeworfenen schweren Körpermißhandlungen nach Auffassung der Staatsanwaltschaft Wiesbaden bereits verjährt waren.

Nachdem formaljuristisch ›Im Namen des Volkes‹ die begangenen schweren Mißhandlungen nachträglich sanktioniert wurden, wurden mein Verleger und ich mit einer einstweiligen Verfügung konfrontiert. Das St. Vincenzstift erreichte zunächst, daß die Verbreitung meiner Heimbiografie vom Landgericht Wiesbaden gerichtlich untersagt – soll heißen: verboten – wurde. Auch innerhalb dieses Zivilprozesses bestätigten ehemalige Leidensgenossen das von mir geschilderte und beschriebene ›Leben‹ im St. Vincenzstift als ›Hölle auf Erden‹. Das Buch konnte nach einem gerichtlichen Vergleich wieder verbreitet werden.

Die im St. Vincenzstift erlittene Gewalt hat bei vielen ehemaligen Heiminsassen – konkret: Opfern – zu Traumen geführt. Diese traumatischen Erlebnisse werden sie niemals vergessen können. Noch schlimmer: Diese ›Kindheit‹ führte viele von ihnen automatisch in eine psychotische oder neurotische Entwicklung. Ihrer Kindheit und Jugend beraubt, sind sie am Leben gescheitert.

Mit zwei Zitaten aus Briefen ehemaliger Heiminsassen will ich verdeutlichen, was (konfessionelle) Erziehung in einem (konfessionellen) Heim für Dauerschäden bei betroffenen Menschen anrichten kann:

»Im Heim kamen wir nie mit Mädchen zusammen. Ich hatte oft von einem Mädchen geträumt, nachts, wenn ich mich selbst befriedigte. Heute bin ich auf der Suche nach Frauen, die Ähnlichkeit haben mit einer der Nonnen oder Erzieherinnen, die mich früher als kleines Kind schon prügelten, wenn ich mich an sie anschmiegen wollte. Wenn ich also eine entsprechende Frau kennenlerne, will ich immer, daß sie mich gewaltsam nackt auszieht und mich dann ganz brutal schlägt. – Nur so komme ich heute zu einem Orgasmus.«

»Ich komme heute nur zu einem Orgasmus, wenn mich ein anderer Mann mit einer Peitsche schlägt, dann ist das schön für mich. Er muß fest auf mich einschlagen, und dann sehe ich meine Erzieher, die auf mich einschlagen. Ich nehme den Schlagenden nicht wahr, sondern den Erzieher. Früher wurde ich als Kind schon geschlagen, immer und in jeder Situation. Wenn also ein Mann auf mich einschlägt, bin ich der kleine Junge, der nach Zärtlichkeit schreit und dafür Schläge bekommt – wie früher!«

Kinder waren schon immer der Gewalt von Erwachsenen – hilflos und wehrlos – ausgesetzt. Gewalt gegen Kinder ist nicht nur mit körperlicher Gewalt gleichzusetzen: Auch psychischer Gewalt, die oft schlimmer wirkt, sind Kinder – hilflos und wehrlos – ausgesetzt. (Wut-)Ausbrüche, Beschimpfen, Schreien und Brüllen, Wut und Haß, hektische Gesten, Laustärke der Sprache überfluten, bedrohen, vergewaltigen Gefühle und Seele eines Kindes durch Ablehnung und Verachtung, Demütigung und Herabsetzung. Oft ist die brutale Gewalt an Kindern, der Mißbrauch, die Manipulation, die Beschränkung der Freiheit, die Demütigung gepaart mit einer Haß-Liebe.

Was im Rahmen der Heim-Erziehung – unabhängig davon, ob es sich um konfessionelle, private oder staatliche Heime handelt – Kindern angetan wurde – und zum Teil heute noch angetan wird –, ist eine Geschichte der Rechtlosigkeit von Kindern, ist eine Geschichte von Erniedrigung, Kränkungen und schwersten körperlichen und seelischen Mißhandlungen.

Erwachsene, konkret: Nonnen, Patres, Erzieher, Erzieherinnen und Eltern sind schnell dabei, ihre Aggressionen und Haßgefühle, die mit ihrer eigenen, oft mit großer Gewalt verbundenen und erlebten Kindheit zusammenhängen, an den ihnen anvertrauten Kindern abzureagieren. Viele, sicherlich nicht alle, befriedigen überdies ihr Bedürfnis nach Macht.

In einem Gespräch mit mir, das ich in dem von mir herausgegebenen Buch: *Heimerziehung – Lebenshilfe oder Beugehaft?* (Frankfurt/M. 1984) abgedruckt habe, berichtet eine Nonne, die in katholischen Heimen arbeitete, ganz offen und ehrlich, wie ›im Namen Jesu Christi‹ Kinder körperlich und seelisch gequält, gedemütigt, bestraft wurden:

»Auch ich fing an, Kinder zu schlagen, zu bestrafen, sie mit Sanktionen zu belegen. Und ich wußte – wie alle Nonnen und Erzieher auch –, daß die Kinder sich nicht wehren konnten. Sie waren uns, unseren Launen, unserer Macht hilflos ausgeliefert! Wir haben alle bei den Kindern eine große Angst verbreitet. Die Angst beherrschte ihre Seele und ihren kleinen Körper und ihr junges Leben ... Wir haben den Kindern immer wieder gesagt, daß wir sie im Namen von Jesus Christus erziehen und ihnen helfen wollen. Doch in Wirklichkeit haben wir – auch wenn diese Erkenntnis

schmerzlich ist! – gegen diese christlichen Grundsätze verstoßen!«

Mit dem Straf- und Unterdrückungsinstrument: ›Gott‹ wurde den Kindern Gehorsam, Willigkeit, Anpassung abverlangt:

»Durch die Drohung mit Gott«, gesteht diese Nonne, *»hatten wir die Kinder unter Kontrolle, auch ihre Gedanken und Gefühle. Ist das nicht das Ziel jeder konfessionellen Erziehung, jedes konfessionellen Heims?«*

Sie selbst bekennt sich dazu, Kinder auf das schwerste mißhandelt zu haben:

»Ich träume heute noch von diesen Heimkindern. Aber es sind keine schönen Träume, keine schönen Erlebnisse, die da wach werden. Erst vor kurzem hatte ich wieder einen dieser Träume: Ich sah wieder, wie ich einen etwa sieben Jahre alten Jungen bei der Selbstbefriedigung erwischte. Ich war außer mir und stellte ihn zur Rede. Doch das Kind begriff nichts. Meine Wut wurde immer größer, und ich zog ihn an den Haaren in den Duschraum. Dort habe ich kaltes Wasser in eine Wanne einlaufen lassen und den Jungen mit Gewalt dort hineingezerrt und ihn viele Male untergetaucht. Ich sah – wie damals in der Wirklichkeit –, wie er sich zu wehren versuchte; ich hörte ihn wieder schreien. Es kostete eine ganze Menge Kraft, diesen kleinen, zierlichen Körper wieder und wieder unterzutauchen. Ich merkte, wie die Kraft des Jungen nachließ. Sein Gesicht lief blau an, und dennoch machte ich weiter. Der Junge bekam kaum noch Luft, als ich endlich von ihm abließ.«

Körperliche und seelische Mißhandlungen, denen Kinder durch Erwachsene – hilflos und wehrlos – ausgesetzt sind, hinterlassen ein Leben lang Spuren. Diese Kinder sind gekennzeichnet: Geschlagene Kinder schlagen weiter, bedrohte Kinder bedrohen weiter, gedemütigte Kinder demütigen weiter... Kurzum: Junge Gewaltopfer werden selbst zu Angreifern und Gewalttätern.

Cathy Spatz Widom, Psychologin der Staatlichen Universität von New York in Albany, hat zwanzig Jahre lang 908 mißhandelte Kinder beobachtet. Die am häufigsten verprügelten und vernachlässigten Kinder wurden, so Widom, die gewalttätigsten Jugendlichen. Die Kinder, denen man Fürsorge, Zuneigung und Liebe vorenthalten hatte, verübten 50 Prozent mehr Gewaltverbrechen als andere Gleichaltrige (*Frankfurter Rundschau,* 14. 10. 1995).

Adrian Raine von der Universität von Südkalifornien untersuchte 4269 Jungen, denen in früher Kindheit körperliche und seelische Gewalt angetan wurde und die mißbraucht worden sind. Raine fand heraus, daß sie alle bis zum 18. Lebensjahr dreimal so viele Gewaltvergehen begangen hatten wie andere Jugendliche (*Frankfurter Rundschau,* 14. 10. 1995).

2 Gewalt auch heute noch in der Heimerziehung? Oder: Aktuelle Fälle

Auch heute noch werden in – wenn natürlich auch nicht in allen – Heimen junge Menschen geprügelt, seelisch gequält, gedemütigt, verbal niedergemacht, ja hin und wieder sogar sexuell mißbraucht. Doch nur wenige Skandale dringen an die Öffentlichkeit. Die ›Mauer des Schweigens‹ scheint immer noch eine sehr große, fast unüberwindbare Tradition innerhalb der Heimerziehung darzustellen.

Die folgenden Beispiele mögen dies verdeutlichen.

Im *Don Bosco-Internat Kemperhof* der Salesianer in Bendorf-Sayn bei Neuwied (zugegebenermaßen kein Heim im eigentlichen Sinne, aber einem solchen durchaus vergleichbar), in dem 87 Jungen zwischen elf und achtzehn Jahren untergebracht sind, wurden von Brüdern dieses Ordens Internatskinder sexuell mißbraucht.

1994 wurde der Erzieher und Ordensbruder R. B, der gestand, Jungen fortgesetzt sexuell mißbraucht zu haben, zu sieben Jahren Haft verurteilt.

Im Dezember 1995 wurde ein weiterer Ordensbruder, der Erzieher und Gruppenleiter A. R., dem die Staatsanwaltschaft vorwarf, jahrelang nachts in die Schlafräume der Jungen geschlichen zu sein und mindestens einen Jungen unter vierzehn Jahren dadurch sexuell mißbraucht zu haben, daß er ihn unter der Bettdecke hindurch am Geschlechtsteil berührte, zu drei Jahren Haft verurteilt. Zuvor hatte der Mann versucht, sich der Strafe durch Flucht zu entziehen; er wurde jedoch noch rechtzeitig aufgegriffen und verhaftet.

Ein Junge berichtete im Mai 1995 der ›Mittelrheinischen Morgenpost‹, daß ein Lehrer die Angewohnheit habe, hin und wieder »mit einem Tritt in den Hintern nachzuhelfen, wenn sich der Klassenraum nicht schnell genug leeren würde« (*Mittelrheinische Morgenpost*, 28. Mai 1995).

Die ›Mittelrheinische Morgenpost‹ berichtet auch von einem Nasenbeinbruch, den sich ein Schüler zugezogen habe, als er mal die »Lehr-Kraft« zu spüren bekam. Der Lehrer H. bestritt diese Darstellung.

Ein fünfzehnjähriger Junge berichtete der Zeitung, er habe von dem Pater W. eine gewaltige Ohrfeige bekommen, weil dieser ihn beim Rauchen einer Zigarette erwischt habe.

Obwohl der Junge der Klassenlehrerin habe ausrichten lassen, daß er durch diese Ohrfeige Ohrenschmerzen habe und den Arzt aufsuche, habe sie einen Eintrag ins Klassenbuch wegen unerlaubten Entfernens vom Schulhof vorgenommen. Der Junge berichtete den Vorfall seiner Mutter, die Strafanzeige wegen Körperverletzung erstattete.

Der Direktor des Kemperhofs, Pater K.-H. B., scheint an der Aufklärung dieser Vorfälle nicht sonderlich interessiert gewesen zu sein. Fragenden Reportern knallte er mit den Worten: »Keine Fragen mehr!« die Tür vor der Nase zu. Er zeigte sich überrascht, daß der Fall an die Öffentlichkeit gelangt sei.

Schwere Anschuldigungen wurden im Frühjahr 1994 von Mitarbeitern des Heims *St.-Josef-Haus* in Klein-Zimmern, in dem rund 100 sogenannte ›schwer erziehbare‹ Jungen und Mädchen von etwa 130 Mitarbeitern betreut werden, erhoben. Der Vorwurf: Mehrere pädagogische Mitarbeiter sollen Schutzbefohlene körperlich mißhandelt haben. Gegen acht Erzieher, so die *Frankfurter Rundschau* (11. und 12. März 1994), wurden von der Staatsanwaltschaft Darmstadt Strafermittlungsverfahren wegen Verdachts auf schwere Körperverletzung bzw., in zwei Fällen, wegen sexuellen Mißbrauchs eingeleitet.

Gegen zwei mittlerweile beurlaubte Pädagogen ermittelt die Staatsanwaltschaft bereits seit Juli 1993. Ein ehemaliger Mitarbeiter des Heims hatte die Kollegen angezeigt, weil sie mehrere Kinder regelmäßig schwer geschlagen haben sollen. »Blaue Flecken und ein angerissenes Ohrläppchen, was ich selbst gesehen habe, waren da noch nicht einmal die schlimmsten Sachen«, berichtete ein Mitarbeiter des Heims (*Darmstädter Echo*, 19. Februar 1994). Öfters seien Kinder nachts ›aus Erziehungsgründen‹ aus dem Heim ausgesperrt worden.

Die Heimleitung, die von diesen Vorfällen Kenntnis hatte, habe geschwiegen und die Pädagogen, eine Frau und einen Mann, die einige Zeit später geheiratet haben, noch rund ein halbes Jahr weiterbeschäftigt. Gegen den Pädagogen wird auch wegen des Verdachts des sexuellen Mißbrauchs ermittelt. Er soll mit einem Kind im Bett gelegen haben, »um es zu trösten«. Ein mittlerweile entlassener Erzieher habe diese strafrechtlich relevanten Vorfälle durch eigene Strafanzeige genauso bestätigt wie vier Mitarbeiter, die entsprechende schriftliche Aussagen verfaßten, die der Staatsanwaltschaft vorliegen.

Ein Mitarbeiter berichtete, der stellvertretende Heimleiter habe sich »schwere Verfehlungen zuschulden kommen lassen«. Dieser habe nicht nur von den schweren Mißhandlungen gewußt, er habe auch nichts unternommen. Noch schlimmer: Der stellvertretende Heimleiter sei Zeuge eines schlimmen Zwischenfalls gewesen: Während eines Aufenthalts in Schweden, deklariert als »erlebnispädagogisches Projekt«, an dem mehrere Jugendliche und ein Betreuer teilnahmen, soll dieser Betreuer die Jugendlichen oftmals geschlagen und mit Nahrungsentzug bestraft haben. Der Betreuer soll überdies mit einem Gewehr auf ein Schlauchboot, in dem ein Jugendlicher sich auf einem See befunden habe, geschossen haben. Der Junge sei in Panik geraten und ins Wasser gesprungen, nachdem das Boot zweimal getroffen wurde (*Darmstädter Echo*, 26. Februar 1994).

Auch gegen einen Diakon, der auf zwei Freizeiten im Schwarzwald die Rolle des Organisators innehatte, laufen strafrechtliche Ermittlungen. Ihm wird vorgeworfen, zwei Jugendlichen Alkohol ausgegeben und ihnen Gewalt- und Porno-Videos gezeigt zu haben. Zur Belohnung habe er verlangt, daß die beiden ihn sexuell befriedigen (*Darmstädter Echo*, 8. März 1994).

Der Verwaltungsrat des Heimes versuchte zunächst, die Vorfälle zu bagatellisieren. Bei den »pädagogischen Fehlhandlungen« würde es sich um »Einzelfälle« handeln. Gleichzeitig versuchte der Heimträger, herauszufinden, wer mit den Vorwürfen an die Medien herangetreten ist. Doch die schweren Anschuldigungen ließen sich nicht erfolgreich entkräften.

Die zuständige Aufsichtsbehörde, das hessische Landesjugendamt, schaltete sich ein und führte zunächst nur Gespräche. Der Chef des Landesjugendamtes sah zunächst keinen Zwang »zum schnellen Handeln«.

Erst nachdem drei Erzieher des Heims seiner Behörde ein bereits zwei Jahre altes Schreiben mit »gravierenden Angriffen« zukommen ließen, reagierte er. Der Amtsleiter, der die Gefahr sah, daß die »gesamte außerfamiliäre Erziehung diskreditiert« werden könnte, stufte plötzlich – vermutlich aufgrund der zahlreichen Presseberichte – die Schilderungen als »sehr glaubhaft« und »sehr handfest« ein, wonach ein Erzieher-Ehepaar Heimkinder mehrfach durch Prügel mißhandelte. Nach der festen Überzeugung des Amtsleiters wußte der Erziehungsleiter »definitiv, daß in der Familiengruppe geschlagen wurde«.

Von dem Landesjugendamt zu Konsequenzen aufgefordert, wurde plötzlich der katholische Träger aktiv: Im Einvernehmen mit dem Erziehungsleiter wurde das Arbeitsverhältnis aufgelöst; dem Erzieher-Ehepaar wurde gekündigt und der stellvertretende Heimleiter beurlaubt. Nachdem die Vorwürfe immer massiver wurden und sich herausstellte, daß mehrere Erzieher die Heimleitung bereits 1992 mit konkreten Angaben über schwere Mißhandlungen konfrontiert hatten, ließ sich der Direktor des Heims, E. K., bis Mitte April 1994 »auf eigenen Wunsch« und »im Interesse einer umfassenden Sachaufklärung« beurlauben.

Nach monatelangen heiminternen Überprüfungen sämtlicher Vorwürfe wurde im Mai 1994 die gesamte Heimleitung neu besetzt. Domkapitular G. E., vom katholischen Träger mit den internen Ermittlungen beauftragt, räumte gegenüber dem ›Darmstädter Echo‹ ein, auch der bisherige Heimleiter habe über seine Gesamtverantwortung Anteil an den Vorkommnissen im Heim. Der Heimleitung, so wurde nun offiziell festgestellt, waren die meisten Vorwürfe bekannt; sie wurden entweder gar nicht oder nicht mit der nötigen Konsequenz verfolgt.

Das ›Darmstädter Echo‹ schrieb in einem Kommentar: »Eine Heimleitung allerdings, die diese Mißstände lange Zeit vertuschen und beiseite schieben kann, dazu ein Bischöfliches Ordinariat in Mainz, das als Träger des Hauses die Zügel schleifen läßt, diese Strukturen gehören schleunigst geändert – und zwar keinesfalls in Eigenregie. Hier ist das Landesjugendamt gefragt.«

Doch dessen Leiter, der vom katholischen Heim-Träger, dem Bistum Mainz, »nicht um jeden Preis rollende Köpfe« forderte, erklärte, in dem Heim werde »sehr gute Arbeit gemacht« und das ehemalige Erziehungsheim habe sich zu einer »modernen, offenen« Jugendhilfe-Einrichtung weiterentwickelt.

Das St. Josefs-Haus, beteuert der Verwaltungsrat des Heims, hat mit Forschung über Familiengruppen »in der Jugendhilfe und Motopädagogik bundesweit anerkannte Pionierleistungen vollbracht«.

Obwohl der Staatsanwaltschaft Darmstadt eindeutige Beweise vorliegen, sind sämtliche Strafermittlungsverfahren bis heute (Stand: 24. Juni 1996) noch nicht abgeschlossen!

Im März 1995 wurde bekannt, daß junge Menschen im katholischen *St.-Josef-Stift* in Eisingen bei Würzburg, einer der größten Behinderteneinrichtungen in Unterfranken, in dem 340 sogenannte geistig behinderte Menschen untergebracht sind, jahrelang von Mitarbeitern und Mitarbeiterinnen schwer mißhandelt und gequält wurden.

Eine Heilerziehungspflegerin, die auf der betroffenen Gruppe 132 tätig war, sah sich eine kurze Zeit lang fassungslos an, was ein Kollege und zwei Kolleginnen unter christlicher Pädagogik verstanden und praktizierten – und wurde bei der Heimleitung vorstellig. Sie klärte die Heimleitung darüber auf, daß die Gruppenleiterin U. K., von Beruf Erzieherin, die Hilfskraft W. E., die wie zahlreiche andere der 500 MitarbeiterInnen über keine pädagogische Ausbildung verfügt, und der Praktikant E. G. über einen längeren Zeitraum mehrere der dort lebenden jungen Menschen wiederholt psychisch und physisch brutal mißhandelten und quälten.

Auch verbalen Beschimpfungen und Beleidigungen wie »Du Drecksau«, »Du Drecksack« und »Sauhammel« waren die Heimbewohner wehrlos und hilflos ausgesetzt.

In einem – schriftlich festgehaltenen – Gespräch, das ein Bereichsleiter im Auftrag der Heimleitung am 27. Januar 1995 mit der Heilerziehungspflegerin führte, schilderte diese ein brutales Geschehnis:

Nach einem Spaziergang sei sie, E. G. und ein paar Jugendliche auf das Haus 13 zugegangen:

»Christian F. lief voraus und ließ sich durch Zurufe nicht zurückhalten. Christian F. war zur damaligen Zeit sehr schwerhörig. Erst jetzt, nach seiner Operation, hat sich dieses Handicap gebessert. Wir verloren Christian aus dem Auge, und aus Angst, daß er davonläuft, beschleunigten wir unseren Schritt und fanden ihn dann am Hintereingang auf uns wartend. Herr G. ging auf ihn zu, gab ihm zwei oder drei Ohrfeigen und schrie: ›Du hast nicht wegzulaufen, du weißt, daß du auf uns warten mußt, ich habe es dir verboten, davonzulaufen!‹

Christian legte sich, wie es seine Art in einer solchen Situation war, auf den Boden, und Herr G. trat ihm in die Seiten, worauf Christian schrie und weinte. Ich war zu weit von der Situation entfernt, um direkt Einfluß nehmen zu können. Ich sah, wie Herr G. dann Christian an den Haaren in das Haus und die vier Stufen zu unserem Gruppeneingang hinaufzog. Christian krabbelte teilweise, hatte sich wieder fallenlassen, aber Herr G. hatte ihn fest an den Haaren gehalten und weiter zur Gruppentür hingezogen.«

Der Bereichsleiter hielt weiter schriftlich fest:

»Frau K. berichtet weiter, daß sie die gesamte Situation in der Gruppe als sehr strafend und wenig verständnisvoll, was die Bewohner betrifft, erlebt. Der psychische Druck und die psychischen Strafen wirken ihrer Meinung nach ebenso mindestens genauso auf die Entwicklung der Bewohner wie die körperliche Züchtigung. Frau K. schildert auch, daß die sehr engen, straffen Regeln, die die Bewohner betreffen, sich auch ganz stark auf die Mitarbeiter auswirken und von daher kaum situationsorientiert im Gruppenalltag gehandelt werden könne. Es sei kein fröhliches Arbeiten, sondern es sei nur ein Gebote- und Verordnungsausführen.«

Die Heilerziehungspflegerin selbst wurde einem massiven psychischen Druck ausgesetzt: Während einige nichtbetroffene Kollegen und Kolleginnen sie später mit den Worten wie: »Du Nestbeschmutzerin« und »Du Verräterin« beschimpften, schwiegen die anderen. Noch schlimmer: Die christlichen MitarbeiterInnen schweigen auch weiterhin: aus Angst, durch Solidarität könnte ihre (berufliche und somit ökonomische) Existenz gefährdet werden. Sie nehmen dabei in Kauf, daß mindestens einige der (sogenannten) behinderten Menschen möglicherweise auch heute noch gequält und mißhandelt werden.

Die Beschuldigten selbst bestritten die Vorwürfe, machten aber gleichzeitig Erinnerungslücken geltend und beriefen sich rein vorsorglich auf das Notwehrrecht. Noch schlimmer: Im Dezember 1988 war die Gruppenleiterin U. K. Mitverfasserin von ›Gruppennormen‹, die im März 1989 modifiziert wurden. In diesen ›Gruppennormen‹, die als christliche, pädagogische Grundlage der klerikalen Heimerziehung verstanden wurden, steht geschrieben:

»Wenn ein Behinderter auf seiner Ebene handelt und in Worten nicht erreichbar – ansprechbar – ist, werde ich ihm auf seiner Ebene mit angemessenen Mitteln begegnen.«

Welche Mittel die kirchlichen Mitarbeiter und Mitarbeiterinnen für pädagogisch angemessen hielten, schrieben sie in diesen »Gruppennormen« nieder: »Aussondern in einen anderen Raum« – »kalt duschen« – »Ohrfeige« – »scharf anschauen« – »eine Arbeit übernehmen lassen« – »Jede/r Mitarbeiter/in soll klar und deutlich handeln und die Antwort geben, die in dieser Situation zu dem betreffenden Behinderten und zu ihm selber paßt.« – »Schlagen«, so die kirchlichen Mitarbeiter und Mitarbeiterinnen, »ist das allerletzte Mittel, um Grenzen deutlich zu machen.« – »Nach Absprache mit dem Erzieherteam« dürfen Betroffene, die ihr Essen wegwerfen, kein neues Essen bekommen. – »Wer entsprechende Mengen nascht, bekommt bei den nachfolgenden Mahlzeiten nichts mehr.« – Mit »Essensentzug« mußten die Heimbewohner immer rechnen: »Wer nach dem Gong und Gebet nicht zum Essen kommt, d. h. am Tisch sitzt, sagt damit, daß er nichts will.«

In einem »Gruppen-Buch« protokollierten die Beschuldigten einen Teil ihrer strafrechtlich relevanten Handlungen: Die verschiedenen Mißhandlungsformen sind dort mit Akribie festgehalten. Hier einige Beispiele:
»Es sind große Lätze da für die Schweinchen, sie liegen im oberen Schrankfach.«

»Michel hat ohne Vorwarnung Blumen abgerissen. Er hat nicht gesehen, daß der Wasserschlauch angeschlossen ist, es gab die kalte Dusche.«

»Heiko kann sich sein ›aufgehobenes Essen‹ über den ganzen Tag einteilen. Zum Frühstück hat er es nicht geschafft. Etwas anderes gibt es heute nicht, bevor es nicht weg ist! Vielleicht lernt der gute Mann dadurch einmal, wie man mit Essen umgeht. Ich bin stinksauer!!!«

»Michel hat es mal wieder geschafft! Nachdem er sich den Nachmittag über unmöglich verhielt, erhielt er als Konsequenz für sein Verhalten zum Abendessen Zwieback. Daraufhin zertrümmerte er sein Glas und ging in sein Zimmer = negative Verstärkung. SCHÖN WAR'S!« (›Negative Verstärkung‹ bedeutet, den Heimbewohner unter Mithilfe mindestens eines weiteren Heimmitarbeiters zu verprügeln. *Der Autor*).

»Michel hat nach dem Abendessen Wurst geklaut = trokken Brot morgen zum Frühstück.«

»Michel hat nach dem Frühstück Gerdis Kaffee getrunken = trocken Brot.«

Auch die folgenden Beispiele zeigen, daß die (klerikale) ›Schwarze Pädagogik‹ immer noch traurige Realität ist:

Heimbewohner, die sich beim Tischgebet – versehentlich – falsch bekreuzigt oder ein Gebet falsch aufgesagt haben, mußten damit rechnen, daß sie geprügelt oder vom Essen ausgeschlossen wurden.

Essensreste, die Heimbewohnern bei der nächsten Mahlzeit wieder aufgetischt wurden, gehörten ebenso zu dem Repressionsinstrumentarium wie verschimmeltes Brot.

Heimbewohner, die ins Bett machten, wurden an den Haaren ins Bad gezerrt und brutal unter die kalte oder heiße Dusche gestellt oder in eine Wanne mit kaltem oder heißem Wasser gezwungen; ihnen hat man eine ganze Woche lang kein Mineralwasser gegeben.

Die Intimsphäre der Heimbewohner wurde nicht beachtet: Im Flur mußten sich alle nackt ausziehen und sich dann im Bad aufhalten. Das zweite Bad, das der Gruppe zur Verfügung steht, wurde nicht mitbenutzt.

Den Heimbewohnern wurde das Recht auf Sexualität, das Ausleben sexueller Bedürfnisse verweigert: Erwischte man einen bei der Onanie oder zwei beim Austausch homoerotischer Bedürfnisse, griff man auf ein besonderes, althergebrachtes, brutales Unterdrückungsinstrumentarium zurück: Die Betroffenen wurden körperlich malträtiert – sprich: körperlich mißhandelt –, dann unter die kalte Dusche gezerrt und mit Worten wie: »Du schwule Sau!« verbal beschimpft und beleidigt.

Ein Erzieher, der erst seit einer Woche auf der Gruppe 132 tätig war, fertigte im Herbst 1994 umfangreiche Tages-Protokolle. Diese schriftlichen Aussagen bedürfen keiner näheren Kommentierung. Hier einige Auszüge:

»Der Besuch im Zoo ist zu Ende. Am Zoo-Ausgang befinden sich einige Kioske. Alle sollen Eis bekommen. Michael G. bekommt von U. K. zwei Ohrfeigen. Ich frage: Was war los? Verstehe den Grund nicht und bekomme zur Erklärung: Michael versteht Schläge am besten. Michael weint – bekommt kein Eis. Er möchte bei anderen schlecken, wird aber zurückgestoßen. Außenstehende Besucher haben die Situation bemerkt, wundern sich offensichtlich über unsere Gruppe.«

»W. E. kontrolliert die Schultaschen. Grund? Sie findet ein zusammengelegtes Pausenbrot mit Mettwurst. Das Brot ist ca. drei bis fünf Tage alt. Frau E. zeigt mir das alte verdorbene Pausenbrot und erklärt, daß der Bewohner Heiko S. sein Pausenbrot nicht gerne ißt und es im Flurbereich versteckt.

Ich erlebe, wie Heiko das alte Brot essen muß. Heiko würgt das alte Brot ohne Widerrede.«

»Betreuer E. G. ist mit Christian F. im Bad. Es ist dort sehr laut – Streitgespräch mit Christian. Ich gehe in die Personaltoilette und höre, daß Christian aufgefordert wird, aus dem Bad zu gehen. Christian möchte sehr gerne baden (Zeit und Möglichkeit wäre gegeben.) E. G. fordert Christian nun sehr laut auf, das Bad zu verlassen und ins Zimmer zu gehen. Ich höre einen schmerzhaft-lauten Au-Schrei von Christian. Ich verlasse die Toilette Richtung Gruppenraum. Christian stürzt an mir mit nasser Kleidung vorbei. Er wird in sein Zimmer gesperrt. Ich höre Christian laut schreien: ›Mama, hilf mir, Mama, komm!‹ E. G. bestimmt, daß er zur Strafe zum Abendessen Zwieback statt Würstchen bekommt. Christian weint noch mehr. Ich gehe, schließe sein Zimmer auf. Christian sitzt nackt bei geöffnetem Fenster auf dem Bett. Ich frage: Warum weinst du? Christian antwortet erst nicht. Als ich ihn in den Arm nehme, erzählt er: ›E. G. hat mich mit heißem Wasser übergossen, mir tut der Rücken weh.‹

Ich sehe, daß Christians Haut an der Schulterpartie links gerötet ist.

»Micha will sein Essen: Fisch mit Salat und Remouladensoße nicht essen. Er muß aber den Teller leer essen, das ist Pflicht auf der Gruppe 132. Frau E. beugt sich über Micha, er kann nicht mehr ausweichen, und zwingt ihn, weiter zu essen. Micha weint, hat den Mund voll und würgt mit vollem Mund.

Frau E. schlägt Micha auf den Kopf und droht damit, daß er an diesem Wochenende nicht heim darf, wenn er nicht ißt. Micha weint weiter und schluckt nicht das Essen hinunter. Ich frage Frau E., ob wir das Essen nicht besser wegnehmen, es wird verneint. Es ist 13.00 Uhr, und Herr G. kommt in die Gruppe (Dienstbeginn). Herr G. nimmt die Situation wahr und sagt: ›Heute ißt er seinen Teller leer, das will ich genau wissen.‹ Herr G. nimmt die Arme von Micha und dreht sie auf seinen Rücken. Drückt sie nach oben. Micha schreit laut ›Aua‹, dabei fällt die Speise aus dem Mund in den Teller. Frau E. deutet auf den Teller und verlangt laut: ›Iß auf!‹ Micha weint immer noch und sagt: ›Nein.‹ Herr G. schlägt hart auf Micha ein. Ich zähle drei Schläge. Die Arme werden höher gedrückt, dadurch fällt er mit dem Gesicht in den Teller.

Mein Dienst endete um 14.30 Uhr. Ich schämte mich vor mir selbst, weil ich unfähig war zu helfen.«

»Gespräch mit Herrn G. wegen Schläge an Micha. Er findet, ich bin zu zart, überempfindlich. Er beharrt darauf, daß sein Verhalten richtig ist. Ich weise ihn darauf hin, daß seine Schläge strafbar sind und kein Mittel, einen pubertierenden Jungen zu erziehen.«

Der Erzieher brachte das brutale Vorgehen von E. G. auf einer Gruppenbesprechung zur Sprache. E. G. und U. K. verteidigten die strafbaren Handlungen. »Das Verhalten von Herrn G. wurde als Machtkampf toleriert, den Herr G. gewinnen mußte«, erinnert sich der Erzieher.

Auch ein Gespräch mit dem Dipl.-Psychologen und Leiter des Heilpädagogischen Fachdienstes, Herrn H., bei dem der Erzieher Rat und Hilfe suchte und diesen über die schweren strafbaren Handlungen aufklärte, brachte ihn nicht weiter. Der Erzieher hielt schriftlich fest, Herr H. »fühlt sich nicht zuständig. Ich soll es selbst regeln.«

Und Herr I., der Bereichsleiter und Diakon, der sich offenbar für die Menschenrechte der betroffenen HeimbewohnerInnen nicht interessierte, warf dem Erzieher ›Indiskretion‹ vor.

Der Diakon (der zunächst auch weiterhin mit Zustimmung des Vorstands und der Heimleitung die Funktion des Bereichsleiters ausübte und für die betroffene Gruppe 132 weiter [Mit-]Verantwortung trug), wurde erst entlassen, als ein von seiner Mitarbeiterin U. K. im Herbst 1994 niedergeschriebenes ›Pädagogisches Konzept‹ den Verantwortlichen bekannt wurde.

Der Diakon I. billigte diese pädagogischen Richtlinien und gab ihnen seinen Segen. Auf der Gruppe 132 wurden die MitarbeiterInnen aufgefordert, sich an diese zu halten.

Hier einige Auszüge, was unter dem christlichen ›Pädagogischen Konzept‹ verstanden und praktiziert wurde:

»Wir beten morgens ein Morgengebet sowie zu den Hauptmahlzeiten ein Bitt- und ein Dankgebet. Darauf achten, daß jeder ein Kreuzzeichen macht und ordentlich dasitzt.« – »Wer vor Gebetsschluß anfängt zu essen, wartet eine Weile.« – »Sonntags Kirchgang ist Pflicht für alle.« – »Wer in der Kirche nicht brav ist, braucht auch keine sonntägliche Vergünstigung (Nachtisch, Kuchen ...).« – »Alle müssen pünktlich zum Essen kommen, sonst wird abgeräumt. Der Zu-spät-Gekommene kann ein Stück Brot und Tee haben.« – »Wer seinen Teller nicht leer ißt, bekommt den Rest zur nächsten Mahlzeit, bevor es etwas anderes gibt.«

Über den alltäglichen Umgang mit einigen ›schwierigen Jungen‹ hält U. K. fest:

»Morgens darauf achten, daß er seinen Schlafanzug zusammenlegt. Wenn er zuviel an Schränke, Wände, Türen klopft, zur Beruhigung ins Zimmer stecken. Wenn er ausflippt, Zimmer vorher ausräumen. – Wenn er klaut, hat er die nächste Mahlzeit schon gegessen. Aufpassen: klaut auch den Jungs vom Teller. – Möglichst jeden Tag mit ihm spazierengehen. Wenn er sich heißgelaufen hat, tut eine kalte Dusche ganz gut. – Wenn er Kleider zerreißt, muß er sie bis zum nächsten Kleiderwechsel anziehen. Mit zerrissenen Kleidern kann er nicht raus. – Den Mund verbieten, wenn er zuviel redet. Wenn er sich danebenbenimmt, kommt er in sein Zimmer. Manchmal wirkt auch eine kalte Dusche beruhigend. – Im Notfall kann man ihn mit dem Bauchgurt im Bett fesseln. Vorsicht, haut gerne ab!«

Die Stiftung und die Heimleitung, die seit spätestens Januar 1995 über umfangreiche Informationen bezüglich der schweren Mißhandlungen verfügte, haben erst Wochen später die Angehörigen der Betroffenen und die MitarbeiterInnen über die Vorfälle wenigstens teilweise aufgeklärt.

Die Verantwortlichen, die über mehr Informationen verfügten und sie dennoch zurückhielten, verfolgten offenbar eine Strategie der Verharmlosung und des Verschweigens: Ihr Ziel scheint es ursprünglich gewesen zu sein, einen ›Mantel des Schweigens‹ über das Stift auszubreiten. Denn der Heimleiter des Stifts, der Geschäftsführer und der Vorsitzende der Stiftung verschwiegen offensichtlich gegenüber den Eltern, den MitarbeiterInnen und der Presse die brutalen Menschenrechtsverletzungen, soweit sie Kenntnisse über das ganze Ausmaß der Mißhandlungen hatten. Sie gestanden in erster Linie ein, Betroffene seien geohrfeigt worden, ohne daß eine Notwehrsituation vorlag. Auch sei nicht im Affekt geschlagen worden. Sie klärten die betroffenen Angehörigen der betroffenen Menschen nicht darüber auf, daß christliche MitarbeiterInnen ihre Söhne nicht nur geohrfeigt, sondern auch geprügelt oder getreten oder zum Essen gezwungen oder mit Essensentzug bestraft oder zur Bestrafung nach Belieben kalt oder heiß abgeduscht oder verbal beleidigt hatten.

Im März bzw. April 1995 richteten sie je ein Schreiben an die »lieben MitarbeiterInnen« und an die betroffenen Angehörigen. Den Angehörigen teilten sie schriftlich mit: »Es gibt an dieser Sache nichts zu beschönigen und zu verharmlosen.« Den Betroffenen, denen »in den zurückliegenden Jahren solche Schandtaten und Qualen widerfahren sind, gehört unser ganzes Mitgefühl. Die Verantwortlichen der St. Josefs-Stiftung entschuldigen sich dafür bei ihnen, ihren Eltern und Angehörigen in aller Form.«

Die Verantwortlichen gingen auch auf das »Gruppenbuch«, »das zum Zweck hat, nur Organisationsabläufe festzuhalten«, ein. Trotz der schweren Mißhandlungen, deren sich die Mitarbeiter in dem »Gruppenbuch« selbst bezichtigten, wurde bei den heiminternen »Untersuchungen« zunächst diesem »Gruppenbuch keine Bedeutung beigemessen«, obwohl die Verantwortlichen seit Januar 1995 wußten, daß dort ein Teil der Mißhandlungen mit Akribie niedergeschrieben wurde. Erstaunt war man dennoch über die Selbstbezichtigung der Täter und Täterinnen. Welch ein Zufall: während der Ermittlungen verschwand das »Gruppenbuch« plötzlich spurlos.

Ob die Verantwortlichen der St. Josef-Stiftung – im Rahmen der heiminternen Ermittlungen – von sich aus tatsächlich an einer größtmöglichen Aufklärung der schweren psychischen und physischen Mißhandlungen interessiert waren, könnte man durchaus bezweifeln: In einem Schreiben an die »lieben Mitarbeiterinnen und Mitarbeiter« drohte die Stiftung jedem mit massiver Gegenwehr, der es wagen würde, mit entsprechenden Informationen an die Öffentlichkeit zu gehen. So steht in den »Mitarbeiter-Nachrichten der St. Josef-Stiftung Eisingen« vom 29. Januar 1996 geschrieben:

»Im Interesse aller MitarbeiterInnen des St. Josef-Stiftes und der St. Josef-Stiftung als Ihrem Dienstgeber, aber auch im Interesse der betroffenen Mitarbeiter erinnern wir an die *Schweigepflicht* (Hervorhebung durch den Geschäftsführer R.) eines jeden Mitarbeiters und jeder Mitarbeiterin. Die Befriedigung eigener Neugier, die Lust auf Sensation und das Bedürfnis, vertrauliche Informationen möglichst vielen Unbeteiligten zugänglich zu machen, ist unkollegial und schadet letztlich uns allen.

Jede Mitarbeiterin und jeder Mitarbeiter, der mit vertraulichen und dienstlichen Informationen ›so locker‹ umgeht, muß sich darüber im klaren sein, daß ein solches Verhalten *arbeitsrechtliche und auch strafrechtliche Konsequenzen* (Hervorhebung durch den Geschäftsführer R.) haben kann.«

Während die Stiftung bei Bekanntwerden der Vorfälle im Januar 1995 zunächst (aus juristischen Gründen?) unentschlossen war, den beschuldigten Mitarbeitern und Mitarbeiterinnen fristlos zu kündigen (der Heimleiter brachte U. K. und E. G. auf anderen Gruppen unter, U. K. wurde sogar wieder Gruppenleiterin; die Kündigungen erfolgten erst, als betroffene Eltern davon erfuhren und die Presse über die Mißhandlungen berichtete), herrschte nun plötzlich eine wie auch immer geartete Rechtssicherheit, wie man unliebsame Kritiker, die möglicherweise den Mut aufbringen würden, Vorfälle von Mißhandlungen an die Öffentlichkeit zu bringen, sofort ›mundtot‹ machen konnte: durch die Androhung einer fristlosen Kündigung und eines Strafverfahrens. Und diese Bedrohung durch den ›Dienstgeber‹ scheint bei den christlichen Mitarbeitern und Mitarbeiterinnen die gewünschte Wirkung zu zeigen: Die ›Mauer des Schweigens‹ wird mit ihrer ganz persönlichen Hilfe weiter aufrechterhalten.

›Die Mauer des Schweigens‹ konnten die MitarbeiterInnen erfolgreich unter Beweis stellen:

Ende 1995 wurde heimintern bekannt, daß ein medizinischer Masseur und Bademeister Heimbewohnerinnen sexuell mißbraucht und ein Hausmeister eine Heimbewohnerin mit sexuellem Hintergrund beleidigt hatte.

Der Hausmeister soll bereits vor etwa zehn Jahren wegen Exhibitionismus aufgefallen sein. Die Heimleitung selbst war es, die ihn damals gedeckt und schützend über ihm einen Mantel der Barmherzigkeit ausgebreitet haben soll: Mit der Auflage, sich einer Therapie zu unterziehen, habe sie ihn weiterbeschäftigt. Diese klerikale Barmherzigkeit scheint offenbar der ›Dienstgeber‹ nun dem Hausmeister verweigert zu haben: Mit sofortiger Wirkung wurde ihm und dem medizinischen Masseur und Bademeister gekündigt.

Nachdem die Staatsanwaltschaft Würzburg von diesen strafbaren Handlungen Kenntnis erlangte, nahm sie entsprechende Ermittlungen gegen den medizinischen Masseur und Bademeister und den Hausmeister auf. Aufgrund der Ermittlungsergebnisse beantragte die Staatsanwaltschaft beim Amtsgericht gegen die Beschuldigten Strafbefehle. Das Gericht verurteilte daraufhin den medizinischen Masseur und Bademeister durch Strafbefehl wegen sexuellen Mißbrauchs von Kranken in Anstalten in drei Fällen zu einer Freiheitsstrafe von acht Monaten auf Bewährung. Und den Hausmeister verurteilte das Gericht durch Strafbefehl wegen Beleidigung (mit sexuellem Hintergrund) zu einer Geldstrafe.

Die anderen, seit Frühjahr 1995 laufenden strafrechtlichen Ermittlungen der Staatsanwaltschaft Würzburg, die sich im Laufe des Ermittlungsverfahrens nicht nur gegen E. G., U. K., W. E. und B. I. richteten, sondern auch gegen acht weitere (ehemalige) Mitarbeiterinnen/Mitarbeiter des Stifts, sind Ende Dezember 1995 abgeschlossen worden.

Die Staatsanwaltschaft, die mehreren der Beschuldigten (schwere) Körperverletzung, begangen an Schutzbefohlenen, vorwarf, konnte jedoch nur Vorfälle ab 1990 berücksichtigen – mit der Folge, daß die Ermittlungsverfahren gegen drei Beschuldigte wegen Verjährung eingestellt worden sind. In fünf Fällen wurde auf Antrag der Staatsanwaltschaft vom Amtsgericht Strafbefehl mit Strafvorbehalt erlassen; die angedrohte Strafe ist also auf ›Bewährung‹ ausgesprochen und wird erst im Wiederholungsfall vollstreckt; diese Strafbefehle haben mittlerweile Rechtskraft erlangt. Gegen E. G., U. K., W. E. und B. I. ist Anklage erhoben worden wegen vorsätzlicher Körperverletzung, Mißhandlung von Schutzbefohlenen und, im Falle des Diakons I., Verletzung der Garantenpflicht. Voraussichtlicher Gerichtstermin: Oktober 1996.

Dem früheren Leiter des Erzbischöflichen Kinderheims *St. Kilian* in Walldürn (Neckar-Odenwald-Kreis), der dort von 1969 bis Oktober 1995 Direktor war, wurde im Frühjahr 1995 vorgeworfen, über »längere Zeiträume verteilt kontinuierlich immer wieder Kinder geschlagen« zu haben. Der Diplom-Psychologe R. R., der bis Ende 1994 in dem Heim, in dem 80 Kinder zwischen fünf und achtzehn Jahren untergebracht sind, arbeitete, hatte gegen den achtundsechzigjährigen Priester, der auch gleichzeitig der Beichtvater des Kinderheims war, eine entsprechende Strafanzeige gestellt.

Der Diplom-Psychologe berichtete den Ermittlungsbehörden: »Der Heimleiter rühmte sich wiederholt der Tatsache, daß er Kinder schlägt, gegenüber den ErzieherInnen und einem betreuenden Psychologen. Er stellte diese Mißhandlung als notwendige pädagogische Maßnahme dar. Dieses Schlagen von Kindern fand nicht im Affekt unwillkürlich statt. Im Gegenteil wurden die Kinder oft erst tagelang nach ihrem ›Verbrechen‹ geschlagen.«

Er schilderte den Ermittlern einen konkreten Fall: »Zum Beispiel der vierzehnjährige Markus M. Sein Vergehen war, daß er mittags beim Geschirrspülen mit seinen Gruppenkameraden herumalberte. Als er einem Freund den Spüllappen nachwarf, traf er die Eßzimmertischlampe und beschädigte eine kleine handtellergroße Glasscheibe (Schätzwert ca. 10,– DM). Tage später begegnete das Kind dem Heimleiter auf dem Hof in Anwesenheit seiner Erzieherin. Wie das von den Kindern im Kinderheim verlangt wird, redete der Junge den Heimleiter mit Herr Rektor an und fragte ihn, wie es ihm gehe.«

Die Worte dieser Erzieherin über den weiteren Verlauf des Geschehens gibt er so wieder:

»Herr K.« (der Heimleiter) »sprach Markus wegen einer Glasscheibe an, die Markus an einer Lampe im Gruppenraum vorher beschädigt hatte und schlug ihm ins Gesicht. Danach gab er Markus die Hand, bedankte sich ironisch dafür, daß Markus die Lampe kaputt gemacht habe, und schlug ihm nochmals ins Gesicht.«

»Zu vier weiteren Kindern«, berichtete er, »liegen konkrete Angaben von ErzieherInnen, HeimbewohnerInnen und Psychologen vor, in denen von Herrn K. begangene Mißhandlungen an Kindern beschrieben werden. Die Art des Mißhandelns unterschied sich von Schlagen bis Treten; gemeinsam ist allen Vorfällen, daß Kinder, die oft schwere Gewalterfahrungen zu bewältigen haben, ein weiteres Mal von einer vertrauten Bezugsperson mißhandelt und traumatisiert wurden.«

Die – weitere – Karriere eines kindlichen Opfers dieses Heimleiters, das bereits vor seinem Aufenthalt im Kinderheim St. Kilian in verschiedenen Heimen und psychiatrischen Anstalten leben mußte, hat er in einem Protokoll festgehalten:

»Es ist eine traurige Karriere, wenn ein Kind, das von Herrn K. geschlagen wurde, verhaltensmäßig im Kinderheim derart eskaliert, daß es nur noch in die nächste Kinder- und Jugendpsychiatrie abgeschoben werden konnte. Seitdem wanderte dieses Kind bis heute weiter durch die Psychiatrien und gilt als schwerst verhaltensauffällig. Für den Heimleiter eine notwendige Erziehungsmaßnahme, für das Kind eine verpaßte Lebenschance!«

Beichtvater K. »zwang die Kinder«, erinnert sich der Diplom-Psychologe, bei ihm höchstpersönlich die Beichte abzulegen. »Themenschwerpunkt dieser Beichte«, die als Beichtgespräche abgehalten wurden, sei immer wieder »das Thema Homosexualität und Onanie« gewesen.

R. R. fragt sich heute: »Ist es sinnvoll, daß Kinder im Kinderheim St. Kilian zu den verschiedensten Anlässen gezwungen wurden, erhebliche Anteile ihres privaten Geldes für kirchliche Kollekten zu spenden?«

Daß – damals – »ein ehemaliger Heimzögling noch als Jugendlicher zu Herrn K. in die Wohnung im Kinderheim zieht und mit diesem zusammen lebt«, wundert ihn heute noch. Bemerkenswert ist, daß dieser Junge, so der Diplom-Psychologe, mit anderen Heimkindern in der Wohnung des Priesters Pornofilme angeschaut habe.

Der Priester erklärte hierzu später, der Kontakt zu dem Jungen sei moralisch einwandfrei gewesen: »Ich habe mir in dieser Hinsicht nichts vorzuwerfen.«

Dem Weihbischof vom Erzbischöflichen Ordinariat Freiburg, dem Träger der Einrichtung, schrieb der Diplom-Psychologe kurz vor seinem Ausscheiden aus der Einrichtung einen Brief – und erwähnte die »untragbare Situation hier im Haus«:

»In der Folge wurde mir selbst grundlegende psychologische Arbeit wie zum Beispiel Elternarbeit, Arbeit mit ErzieherInnen oder Kontakte mit zuständigen Jugendämtern nur noch möglich, wenn ich bereit war, mich massiven Angriffen der Geschäftsleitung auszusetzen. Daß mir dann sogar vorgeworfen wurde, ich sei bei den ErzieherInnen beliebt und zu aktiv als Diplom-Psychologe, mag vielleicht eher eine humorvolle Komponente haben. Das Arbeiten in Ihrem Kinderheim wurde mir mit diesen, aber auch mit vielen anderen Vorfällen so unerträglich gemacht, daß ich eine Arbeitsstelle verlassen muß, für die mich auch die Heimleitung trotz aller Anfeindungen für hochqualifiziert bezeichnet hat und mir ausdrücklich erklärte, daß die Qualität meiner Arbeit und meines Engagements außer jeglichem Zweifel sei.«

Zum Schluß dieses Schreibens drückte er seine Hoffnung aus, »daß mit diesem Brief das geschlossene Schweigen durchbrochen wird und die im Haus verbliebenen MitarbeiterInnen und Kinder bitter nötige Hilfe von ›außen‹ erhalten, die ihnen wieder Mut und Würde zurückgibt.«

Auf diesen Brief hin erwiderte ihm der Leiter der Caritas des Erzbischöflichen Ordinariats Freiburg im Auftrag des Weihbischofs:

Der Weihbischof »... hat uns Ihr Schreiben zuständigkeitshalber zur Beantwortung übergeben. Nach Rücksprache mit der Leitung des Kinderheims sehen wir keine Veranlassung, auf Ihre Ausführungen einzugehen und wünschen Ihnen für Ihre weitere berufliche Zukunft alles Gute.«

Daraufhin erwiderte R. R., sichtlich enttäuscht über diese Reaktion, kurz: »Ihr Schreiben ist mir zugegangen und befremdet mich insoweit, daß man fast der Meinung sein könnte, es bestätige inhaltlich die Aussage von Herrn K.« (dem Leiter des Kinderheims), »der im Kinderheim gegenüber einem Erzieher die Aussagen mit folgendem Inhalt machte:

›... und ans Ordinariat können Sie soviel schreiben, wie Sie wollen. Glauben tun die eh nur mir. Bei der Kirche ist es nämlich so wie auch beim Staat: Eine Krähe hackt der anderen kein Auge aus.‹

Sollte dies also tatsächlich so sein, daß Sie im Konfliktfall blindlings den Heimleiter stützen, ohne den Nöten anderer Gehör zu schenken, dann müssen Sie in jedem Fall für die Mißstände im Kinderheim als mitverantwortlich bezeichnet werden.«

In einem später angefertigten Protokoll schreibt der Diplom-Psychologe R. R. folgendes:

»Aus welchem Grund hält die Erzdiözese Herrn K. noch immer in der gesamten Verantwortung für das Kinderheim und setzt damit die Kinder unter Umständen weiteren Mißhandlungen aus, signalisiert aber den Kindern zumindest unmißverständlich, daß sie auch weiterhin dem ausgesetzt sind, der sie geschlagen hat?«

In großer Sorge um die Kinder, aber auch der MitarbeiterInnen schaltete er die Gewerkschaft *Öffentliche Dienste, Transport und Verkehr (ÖTV)* in diese Auseinandersetzung ein. In einem Schreiben an das Erzbischöfliche Ordinariat Freiburg forderte die ÖTV, bis zur Klärung der gegen den Priester gerichteten Vorwürfe diesen von seinen Dienstpflichten zu entbinden.

In einem Erwiderungsschreiben wurde eingeräumt, daß K. »einigen Kindern des Heimes eine Ohrfeige gegeben hat«.

Doch trotz der staatsanwaltschaftlichen Ermittlungen gegen den Priester hielt das Erzbischöfliche Ordinariat unbeirrbar an dem Priester fest und sprach von einer »gezielten Kampagne« eines ehemaligen Mitarbeiters des Hauses:

»Unsererseits sehen wir keine unmittelbare Veranlassung, Herrn Rektor K. von seinen Dienstpflichten zu entbinden. In einer Gesamtbewertung der Ereignisse seit dem letzten Jahr haben wir den Eindruck gewinnen müssen, daß Herr K.

auch das Opfer einer gezielten Kampagne ist, die von einem ehemaligen Mitarbeiter des Hauses ausgeht. Wir werden uns aber durch keinerlei Kampagnen unter Druck setzen lassen, sondern mit Bedacht auf die entstandene Situation reagieren. Sie dürfen davon ausgehen, daß unsere Entscheidungen von der Sorge um das Gesamtwohl der Einrichtung getragen sind.«

Die ÖTV schaltete daraufhin das *Ministerium für Familie, Frauen, Weiterbildung und Kunst* in Stuttgart in die Auseinandersetzung ein und führte in einem Brief u. a. aus:

»Es geht darum, daß nach Informationen von verschiedenen Seiten von dem 68jährigen Rektor dieses Heims, Pfarrer K., Kinder immer wieder gezielt und in entwürdigender Weise geschlagen und getreten werden ... Auch in Walldürn sind die Schläge weithin bekannt.«

In dem Schreiben drückte die ÖTV auch Unverständnis über die Reaktion des Erzbischöflichen Ordinariats aus:

»Die Haltung des Erzbischöflichen Ordinariats, hier nicht einzugreifen, ist uns auch deshalb unverständlich, weil Herr K. offensichtlich schon in früheren Zeiten durch Schläge von Kindern in seiner Eigenschaft als Lehrer im Jugenddorf Klinge aufgefallen sein soll. Ebenso sollen sich Kinder des Heims bereits an die Heimaufsichtsbehörde gewandt haben. Es werden zudem Vorwürfe erhoben, Kinder seien vom Rektor zu Spenden für kirchliche Projekte gezwungen worden.«

Das Ministerium forderte daraufhin das Erzbischöfliche Ordinariat Freiburg zu einer Stellungnahme auf. In einem Schreiben an das Ministerium unterstellte das Erzbischöfliche Ordinariat der ÖTV, dieses »in unrichtiger und unvollständiger Weise über Vorkommnisse im Erzbischöflichen Kinder- und Jugendheim St. Kilian in Walldürn und das

Verhalten des Erzbischöflichen Ordinariates informiert« zu haben. »In einer Gesamtbewertung der Ereignisse sind wir deshalb zum damaligen Zeitpunkt (im Mai 1995) zum Entschluß gekommen, Herrn K. nicht zu suspendieren. Dieser hat aber inzwischen von sich aus um seine Beurlaubung gebeten, bis die Anschuldigungen der Körperverletzung in vier Fällen gerichtlich geklärt sind. Mit Schreiben vom 4. Oktober 1995 haben wir diesem Ersuchen entsprochen.«

Daß der Priester plötzlich durch die Intervention des Ministeriums – freiwillig oder unfreiwillig? – um seine Beurlaubung vom Dienst gebeten hatte, ist anzunehmen: Beide Schreiben, das an das Ministerium und das an den Priester, tragen das gleiche Datum: 4. Oktober 1995.

Erstaunlich ist, daß das Erzbischöfliche Ordinariat zu diesem Zeitpunkt mindestens seit fünf Monaten von den schwerwiegenden Vorwürfen und den staatsanwaltschaftlichen Ermittlungen gegen den Priester Kenntnis hatte und an dem Geistlichen als Heimleiter, Direktor und Beichtvater unbeirrbar festhielt. Beachtenswert ist aber auch, daß dieser kurz zuvor, im Jahre 1994, mit der Konradsplakette des Erzbischöflichen Ordinariats Freiburg ausgezeichnet worden ist.

Das unbeirrbare Festhalten des Erzbischöflichen Ordinariats an E. K. als Heimleiter, Direktor und Beichtvater brachte letztendlich nichts: Mit einer Geldstrafe in Höhe von DM 7 500 wegen körperlicher Mißhandlung Schutzbefohlener in drei Fällen durch das Amtsgericht Buchen belegt, hat dieser seinen endgültigen Rücktritt erklärt. Die Staatsanwaltschaft Mosbach kam zu dem Schluß, daß der Priester zumindest in drei Fällen den Rahmen einer Erziehungsmaßnahme »überzogen« habe.

Und trotzdem erstaunt die Vorgehensweise der Mosbacher Staatsanwaltschaft: Im Rahmen des Strafermittlungsverfahrens gegen den Priester ging es u. a. auch um folgende weitere strafbare Handlungen: »drei Ohrfeigen zum Nachteil« des Kindes Norbert K. und »eine Ohrfeige und Fußtritte zum Nachteil« des Kindes Mario H.

Diese dem »Beschuldigten zur Last gelegten Taten« sind, so die Staatsanwaltschaft Mosbach in ihrer – zeitgleich mit dem ergangenen Strafbefehl – vollzogenen Einstellungsverfügung vom 5. Oktober 1995, gemäß § 154 Abs. 1 StPO (Strafprozeßordnung) eingestellt worden. Eine völlige, der Strafprozeßordnung widersprechende (Fehl-)Entscheidung: § 154 StPO Abs. 1 setzt nämlich laut dem Kommentar zur Strafprozeßordnung von Kleinknecht/Meyer-Goßner* voraus, daß diese zur Einstellung kommenden Tatvorwürfe »nicht beträchtlich ins Gewicht« fallen und die »materiellrechtlichen Strafzwecke in ihrem Kern nicht tangiert und nicht wesentlich beeinträchtigt werden.«

Immerhin handelt es sich hierbei um die Tatvorwürfe der Mißhandlung Schutzbefohlener (§§ 223 b StGB), die bei Verurteilung zu einer höheren Geldstrafe bzw. einer Gefängnisstrafe hätte führen können. Anders ausgedrückt: Warum hat die Staatsanwaltschaft Mosbach, die den Strafbefehl nur auf die von dem Priester »verteilten« Ohrfeigen stützte, die strafrechtlich relevanteren und viel schwerwiegenderen – von ihr aber eingestellten – Tatvorwürfe nicht mit zum Gegenstand eines Strafbefehls erklärt oder – sicherlich noch naheliegender – generell eine öffentliche Anklage, die sicherlich zu einer öffentlichen Hauptverhandlung geführt hätte, erhoben? Wollte – möglicherweise – die Staatsanwaltschaft Mosbach im Interesse des Priesters und der katholischen Kirche eine öffentliche Hauptverhandlung um jeden Preis vermeiden?

---

* Kleinknecht/K. Meyer/L. Meyer-Goßner, Strafprozeßordnung. Gerichtsverfassungsgesetz, Nebengesetze und ergänzende Bestimmungen. Beck'sche Kurzkommentare 6, 42. neu bearb. Aufl. München 1995.

Der zuständige Leitende Oberstaatsanwalt, Herr J., erklärt hierzu dem Autor mit Schreiben vom 25. Juli 1996, daß »das Kind K. bei seiner Anhörung angab, der Beschuldigte habe lediglich versucht, es zu ohrfeigen. Es habe aber weglaufen können . . .«.

Der Priester selbst habe eine Körperverletzung bestritten.

Diese Darstellung steht im Widerspruch zu der von seiner Behörde vollzogenen Einstellungsverfügung vom 5. Oktober 1995. Dort ist von *»drei Ohrfeigen«* (Hervorhebung durch den Autor) die Rede.

Im Falle des Kindes H., das als Zeuge erst gar nicht angehört worden ist, erklärt der Leitende Oberstaatsanwalt, »mit einiger Wahrscheinlichkeit (hätte) lediglich eine Körperverletzung zum Nachteil des Kindes H. in die öffentliche Klage einbezogen werden können.«

Wohl wissend, daß das Kind von dem Geistlichen – nach Angaben von Zeugen, die davon gehört hatten – nicht nur geohrfeigt, sondern auch getreten worden sein soll, fügt der Vertreter der Staatsanwaltschaft, der sich die Frage stellen muß, warum man das Kind nicht anhörte, rein vorsorglich hinzu: »Daß dies zu einer erheblich höheren Gesamtstrafe geführt hätte, als sie in dem Strafbefehlsantrag niedergelegt ist, erscheint ausgeschlossen.«

Dies ist eine kühne Behauptung, denn dem Ankläger ist hinreichend bekannt, daß das Gericht »Herr des Verfahrens« ist.

»Im Hinblick auf diese Sachlage«, verteidigt er die zuständige Kollegin, »halte ich die Entscheidung der Dezernentin, zugunsten einer schnellen Erhebung der öffentlichen Klage auf eine weitere Aufklärung zu verzichten, für vertretbar.«

Die Fürsorgepflicht für den Priester scheint trotz der Geldstrafe beim Erzbischöflichen Ordinariat ungebrochen fortzubestehen: Der Geistliche, der nach Rechtskraft des Strafbefehls auch weiterhin in dem Kinderheim wohnt, wurde mit der seelsorgerischen Betreuung des Konvents der Mallersdorfer Schwestern, die zahlreiche leitende Positionen auf den Wohngruppen bis hin zur stellvertretenden Heimleiterin innehaben, betraut. (Nach einer mir vorliegenden eidesstattlichen Versicherung soll selbst die Schwester Oberin in einem Fall im Unterricht die Hand gegen ein Kind erhoben haben: Vor allen Kindern habe sie einen Jungen geohrfeigt.) Das Ordinariat stellt zu dem Verbleib des Priesters ausdrücklich fest:

»Im Entscheidungsprozeß aber werden wir nicht unter Druck entscheiden, auch nicht, wer, wo und wie lange wohnt.« Und in aller Deutlichkeit wird unmißverständlich klargestellt, daß »der Direktor K. (es) nicht verdient hat, hier wie ein Hund davongejagt zu werden«.

Ungebrochen scheint aber auch die für den Priester vorhandene kollegiale Solidarität eines im Kinderheim tätigen Mitarbeiters, von Beruf: Diplom-Psychologe, zu sein. Dieser Herr H. B. erklärte in einem an den Diplom-Psychologen R. R. gerichteten Schreiben: »Ich möchte Ihnen sagen, daß mich Ihre Handlungsweise angewidert hat und daß Sie für mich Ihre Reputation verloren haben ... Sie wissen genau, daß Herr K. nicht der mit Vorliebe prügelnde Heimleiter ist, als der er in der Öffentlichkeit hingestellt wurde.«

Der Priester und Heimleiter selbst, dem die ÖTV auch vorwarf, schon seit Ende der sechziger Jahre Kinder und Jugendliche immer wieder »massiv getreten und geschlagen« sowie Mitarbeiter »entwürdigend« behandelt zu haben (das Erzbischöfliche Ordinariat in Freiburg bestritt die von der ÖTV in diesem Zusammenhang aufgestellte Behauptung, sie habe Kenntnis von solchen Vorfällen und sei untätig geblieben), rechtfertigte die körperliche Mißhandlung von Kindern, soweit er sie gegenüber der Staatsanwaltschaft einräumte, »als pädagogische letzte Maßnahme«. Nicht als Täter, sondern als Opfer sieht E. K. sich: »als Opfer einer Machenschaft, als Opfer einer Kampagne, die bis in die Privatsphäre geht«. Noch schlimmer: »Jetzt werde ich als massiver Schlägertyp dargestellt.«

Der Autor, der sehr intensiv recherchierte, hat absichtlich so ausführlich von den differenzierten Vorgängen um diese Anklage berichtet, um zu zeigen, wie schwer eine Aufklärung von derartigen Geschehnissen gemacht wird. Es geht ihm vor allem auch um die institutionalisierten Machtstrukturen, die bei allen Beteiligten große Ängste hervorrufen können; aus diesem Grund werden einzelne Personen nur mit den Anfangsbuchstaben ihres Namens bezeichnet. Doch nur wenn Sachverhalte der beschriebenen Art offen dargelegt werden, können Mißstände überhaupt erst durchschaubar und erkannt werden.

Die hier beschriebenen unmenschlichen Zustände legen Zeugnis dafür ab, daß die »Schwarze Pädagogik« immer noch Teile unseres Erziehungssystems beherrscht und nicht der Vergangenheit angehört. Sie wird eben oft noch unverhohlen und bewußt gegen Kinder und Jugendliche eingesetzt. Hierbei spielt es überhaupt keine Rolle, ob die »Täter« und »Täterinnen« aus dem konfessionellen, privaten oder staatlichen Heimbereich oder aus dem familiären Umfeld kommen: Opfer sind auch weiterhin junge Menschen, die der psychischen und physischen Gewalt, Erniedrigung, Demütigung und den hiermit verbundenen Schmerzen, Trauer, Einsamkeit und traumatischen Erlebnissen der »Schwarzen Pädagogik« hilflos und wehrlos ausgesetzt sind.

3 Was dieses Buch will – oder: Die Rechte des Kindes

Dieses Buch ist keine Anklage gegen *die* Heimerziehung: Die »Anklage« richtet sich aber gegen *die* namentlich bekannten Heime und *die* »namenlosen« Heime, in denen junge Menschen Mißhandlungen aller Art hilflos und wehrlos ausgesetzt sind – und wo leider immer noch die »Schwarze Pädagogik« mit all ihren schlimmen Folgewirkungen für die Betroffenen um sich schlägt.

Dieses Buch dient dazu, die Öffentlichkeit, aber auch die MitarbeiterInnen konfessioneller, privater und staatlicher Heime und alle anderen Institutionen, die Verantwortung für die (Heim-)Erziehung tragen, wachzurütteln.

Dieses Buch soll ihnen Mut machen, sich gegen schreiendes Unrecht und gegen die Rechtlosigkeit junger Menschen zur Wehr zu setzen.

Dieses Buch ist aber auch für alle Erwachsenen geschrieben, die mit Kindern und Jugendlichen zu tun haben und deren Kindheit, Menschenwürde, Wünsche und Bedürfnisse, deren Gefühle und Autonomie respektieren. Es soll sie bestärken, diesen Weg weiterzugehen. Hierbei mache ich ausdrücklich überhaupt keinen Unterschied, ob diese Erwachsenen in Familien oder in konfessionellen, privaten oder staatlichen Heimen mit jungen Menschen in Berührung kommen. Es gibt selbstverständlich auch konfessionell orientierte Erzieher, Erzieherinnen, Nonnen und Patres, die die vom Grundgesetz garantierte Menschenwürde junger Menschen respektieren und diese nicht mit Füßen treten.

Die Heimerziehung, die sich seit den siebziger Jahren zum Teil Stück für Stück positiv verändert hat (hierzu gehört auch das Entstehen von Kleinstheimen, Außenwohngruppen, Jugendwohngemeinschaften), hat auch weiterhin eine Existenzberechtigung, solange es keine durchgreifenden Alternativen gibt: Die Heime sind für – im Elternhaus – mißhandelte Kinder und Jugendliche die *Ultima ratio.* Und solange junge Menschen mit der Heimerziehung in Berührung kommen, haben sie – und das gilt selbstverständlich auch für Kinder in anderen außerfamiliären Einrichtungen und für Kinder in Familien – das unwiderrufliche Menschenrecht auf Würde und Unversehrtheit.

Auch für diese Kinder und Jugendliche gilt die 1989 von den Vereinten Nationen verabschiedete Konvention über die Rechte des Kindes. Jeder Staat, der diese Konvention ratifiziert, verpflichtet sich, die dort festgelegten Rechte zu gewähren. Hier ein Auszug:

Kinder haben Rechte: Das Recht auf Gleichheit, unabhängig von Rasse, Religion, Herkunft und Geschlecht; das Recht auf eine gesunde, geistige und körperliche Entwicklung; das Recht auf besondere Betreuung im Falle körperlicher oder geistiger Behinderung; das Recht auf Liebe, Verständnis und Geborgenheit; das Recht auf Schutz vor Grausamkeit, Vernachlässigung und Ausbeutung; das Recht auf Schutz vor allen Formen der Diskriminierung und auf eine Erziehung im Geiste der weltweiten Brüderlichkeit, des Friedens und der Toleranz.

Es ist Alice Miller vollinhaltlich zuzustimmen, die in ihrem vielbeachteten Buch »Am Anfang war Erziehung« schreibt:

»Solange das Kind als Container angesehen wird, in den man unbeschadet alle ›Affektabfälle‹ hineinwerfen kann, wird sich an der Praxis der ›Schwarzen Pädagogik‹ nicht viel ändern. Zugleich werden wir uns über die rapide Zunahme der Psychosen, Neurosen und der Drogensucht bei Jugendlichen wundern, über die sexuellen Perversionen und Gewalttätigkeiten empören und entrüsten, Massenmorde als einen unumgänglichen Teil unseres Lebens ansehen.«

*Alexander Markus Homes**

---

* Über Reaktionen, Informationen, Berichte von betroffenen (ehemaligen) Heimkindern und (ehemaligen) Erziehern würde der Autor sich freuen (Anschrift: Alexander Markus Homes, c/o Patmos Verlag GmbH, Postfach 10 40 64, 40031 Düsseldorf).

1 An einem nebligen und regnerischen Morgen fährt ein VW-Bus eine Straße entlang. Draußen und im VW-Bus herrscht Stille. Nur das Motorgeräusch und der Regen, der auf das Dach des VW-Busses und auf die Fensterscheiben niederprasselt, sind wahrnehmbar.

Auf der Rückbank des VW-Busses sitzt Sascha, ein kleiner Junge, der sich in einer Ecke fest ins Polster gedrückt hat, als wolle er sich unsichtbar machen, ganz alleine. Sascha hat einen Daumen im Mund, und mit der anderen Hand drückt er seinen Teddybär ganz eng an den Körper. Er schaut in das Gesicht des Teddybären, gibt ihm einen zarten Kuß auf die Stirn und weint.

Die Tränen kullern über sein Gesicht, Tränen der Trauer, die auf den Teddybär hinabfallen.

Er schaut hinaus zu den Bäumen und sieht, durch Tränen verschwommen, Tiere, die über das weite Feld laufen. Und am Horizont nimmt Sascha die aufgehende Sonne wahr. Vom ersten Sonnenlicht angestrahlt, blickt er nach vorne und sieht am Steuer die Umrisse des Pfarrers und auf dem Beifahrersitz die Umrisse der Krankenschwester. Sascha ist sehr müde und fällt in einen tiefen Schlaf.

Die Krankenschwester betätigt das Autoradio, sucht einen Musiksender und entscheidet sich für Kirchenmusik. Sie schaut kurz zu Sascha und dann nach vorne auf die Straße. Nach einer längeren Zeit des Fahrens wird Sascha durch einen lauten Schrei der Krankenschwester aus dem Schlaf gerissen und schreckt auf.

»Aufwachen! Wir sind da!«

Sascha, der den Ton einer Kirchenglocke wahrnimmt, öffnet die Augen und schaut direkt in das übergroße Gesicht der Krankenschwester.

Der VW-Bus nähert sich einem riesengroßen Gebäude, das durch Bäume und Sträucher halbversteckt hinter einem riesengroßen Stacheldraht verborgen liegt, und hält vor dem großen Tor. Hinter dem Tor sieht Sascha einen großen stämmigen Mann stehen, der das Tor öffnet und zur Seite tritt. Der VW-Bus fährt durch die Toreinfahrt und bleibt vor dem Hauptportal stehen. Dort, auf der obersten Treppe, sieht Sascha eine Schwester vor einer großen Holztür stehen. Er schaut in ihr altes, faltiges Gesicht und sieht, daß sie von oben auf ihn herabblickt und lächelt. Sascha schaut über sie hinweg und sieht oberhalb des Portals eine Statue, die die *Mutter Maria* darstellt. Ihre Hände, von einem Rosenkranz umgeben, sind gefaltet. Die Schwester kommt langsam die Treppe hinunter und geht mit dem großen Mann auf den VW-Bus zu.

Der Mann öffnet die Beifahrertür. Sascha nimmt schlagartig die volle Lautstärke der bedrohlich wirkenden Kirchenglocke wahr. Immer dann, wenn er den Ton einer Kirchenglocke vernimmt, ergreift ihn eine große Angst. Eine für ihn unbeschreibliche, unerklärliche Angst, die ihn fesselt und lähmt und seine Kinderseele und seinen Körper voll in Besitz nimmt. Sascha fängt an zu zittern und spürt den Schweiß, der sich auf seinem Gesicht und seinem Körper bildet. Schlagartig schnürt sich seine Kehle zu, so daß er kaum noch Luft bekommt. Sascha, der nach Luft ringt, beobachtet den großen Mann, dessen eiskalter und lebloser Blick ihn erschauern läßt.

Während der große Mann der Krankenschwester beim Aussteigen hilft, bittet sie Sascha, der den Teddybären in seinen Händen hält und immer noch zusammengekauert auf dem Sitz versunken ist, herauszukommen. Sascha sieht, wie sich die großen Hände dieses großen Mannes der Schiebetür nähern und diese öffnen. Und schlagartig treffen die Kinderaugen und die Augen dieses großen, für ihn furchterregenden Mannes aufeinander.

Der Mann mustert Sascha und sieht, daß er weint.

»Aber, aber«, lächelt er, und seine Stimme ist dunkel und gefühllos, »ein so großer Junge wie du weint doch nicht!«

Sascha, der sich während der Fahrt kaum bewegt und nichts gesagt hat, nimmt erst jetzt richtig wahr, daß für ihn hier ein neuer Lebensabschnitt beginnen soll. Plötzlich fängt er an zu schreien und um sich zu treten. Der große Mann greift nach seinen kleinen Kinderarmen und zerrt ihn mit Gewalt aus dem Bus.

Wie versteinert steht Sascha direkt vor dem großen Mann in Bauchhöhe und hört auf zu weinen. Er schaut langsam zu ihm hoch und blickt in das starre Gesicht dieses Mannes, dessen Blick senkrecht auf ihn herabgerichtet ist. Die Krankenschwester erlöst Sascha von dem Blick dieses Mannes und zieht ihn zur Seite. Sie überreicht der Schwester eine Akte und ein Formular.

»Ich darf Sie bitten«, erklärt sie im strengen Ton, »dieses Formular als Empfangsbestätigung für die ordnungsgemäße Übergabe des Jungen zu unterschreiben.«

Sascha, der vom Weinen feuchte Augen hat, schaut auf das gewaltige, übermächtig wirkende Gebäude. Sein Blick richtet sich von links nach rechts und von unten nach oben bis hin zur Spitze des Kirchturms. Sascha versucht die Fenster zu zählen, aber es sind zu viele. Im Hintergrund hört er die Schwestern miteinander reden.

»Der Junge heult bei jeder Kleinigkeit gleich los!«, klärt die Krankenschwester, deren Augen vorwurfsvoll auf Sascha gerichtet sind, die Nonne auf. »Er ist nie zufrieden mit dem, was er kriegt. Er ist manchmal total in sich gekehrt. Er ist ein Außenseiter. Er leidet unter einem unheimlich starken Sexualtrieb; er verführt andere Kinder!«

Die Schwester schaut Sascha direkt ins Gesicht, und aus ihrem Lächeln wird ein ernster, starrer und angsteinflößender Blick. Sascha schreckt auf und zuckt in sich zusammen. Die große Angst, die ihn so lähmt und bewegungslos hält, vergrößert sich schlagartig in einem für ihn bis dahin nicht gekannten Ausmaß.

»Machen Sie sich da mal bitte keine Sorgen«, versichert die Schwester mit einer gottbegnadeten frommen Miene der Krankenschwester und dem Pfarrer, »das werden wir dem Jungen schon austreiben. Schließlich sind wir eine kirchliche Anstalt!«

Sie faltet ihre Hände, als würde sie beten wollen, und fängt verkrampft an zu lächeln.

Die Krankenschwester geht auf Sascha zu und will ihm die Hand zum Abschied reichen, doch plötzlich steht die Schwester zwischen ihnen.

»Lassen Sie das bitte sein«, erklärt sie der Krankenschwester im lautstarken Ton, »das verstört den Jungen noch mehr. Das Beste ist, Sie und der Herr Pfarrer fahren ganz schnell wieder zurück.«

Die Krankenschwester schaut der Schwester sprachlos und verstört ins Gesicht. Dann verabschiedet sie sich zusammen mit dem Pfarrer von der Schwester, dreht sich um und geht zum VW-Bus. Plötzlich stürzt sich Sascha auf sie, krallt, wobei ihm der Teddybär aus der Hand fällt, seine kleinen Finger an ihre schwarze Schwesterntracht und umarmt sie. Nur mit großer Kraftanstrengung kann sich die

Krankenschwester mit der Hilfe der Schwester aus Saschas Umarmung befreien. Während die Krankenschwester und der Pfarrer schnell in den VW-Bus steigen, hält die Schwester Sascha mit Gewalt am Arm fest. Der Pfarrer gibt Vollgas, und mit quietschenden Reifen rasen sie davon.

Sascha wehrt sich gegen die Schwester, und es gelingt ihm, sich zu befreien. Er greift nach dem am Boden liegenden Teddybär und bekommt ihn zu fassen. Mit einer für ihn bis dahin völlig neuen Schnelligkeit läuft er dem VW-Bus und seinen davonfahrenden ersten Kindheitsjahren hinterher. Sascha heult, schreit, brüllt.

»Bitte, bitte, laßt mich hier nicht alleine zurück! Haltet an! Ich will wieder zurück zu meinen Freunden!«

Sascha sieht mit jedem Meter, mit dem sich der VW-Bus weiter entfernt, seine ersten Kindheitsjahre wie durch eine große Nebelwand verschwinden. Der VW-Bus fährt durch die Toreinfahrt auf die Straße. Auch Sascha erreicht das Tor und die Straße und rennt dem VW-Bus hinterher. Nach einiger Zeit bleibt er völlig erschöpft stehen, und der Teddybär fällt ihm aus der Hand. Neben seinen Teddybär läßt er sich auf die Straße fallen.

Sascha hebt seinen Teddybär auf, schaut ihm ins Gesicht und drückt ihn fest an sich. Auf den Knien rutschend, legt er ihn wieder auf die Straße und faltet seine Hände.

»Bitte, bitte«, fleht er laut schreiend, »laßt mich hier nicht alleine zurück!«

Sascha, dessen Blick durch die Tränen verschwommen ist, sieht den VW-Bus hinter einer Kurve verschwinden. Schmerzhaft erkennt er: Die Krankenschwester und der Pfarrer werden niemals zurückkommen! Niemals wird er seine Freunde und sein Zuhause, das Kinderheim, in dem er sich wohlfühlte, wiedersehen. Niemals wieder wird er die liebenswürdige und immer lächelnde Schwester Roselore erleben, die den Kindern eine liebevolle Ersatzmutter war. Und niemals wird er seine Umgebung, den schönen Park, den großen Kinderspielplatz, auf dem er sich mit seinen Freunden austoben konnte, wiedersehen.

Sascha erkennt auf der Straße, während seine Augen die Straßenkurve fixieren, daß sein bisheriges kurzes Leben im Kinderheim innerhalb weniger Minuten brutal und für immer beendet wurde und ihm nur noch die Erinnerungen bleiben werden. Erinnerungen, von denen er fest überzeugt ist, daß sie im Laufe der Zeit verblassen.

Die Straße ist wie leergefegt. Plötzlich hört Sascha Schritte und schaut sich um. Der große stämmige Mann kommt auf ihn zugelaufen. Bevor Sascha reagieren kann, hat der Mann ihn eingeholt und packt ihn am Hals. Mit seinen Händen zieht er Sascha am Hals nach oben. Sascha schreit laut auf und verliert den Boden unter seinen Füßen. Der große Mann stellt ihn wieder auf den Boden und greift ihn am Arm. Sascha hört auf zu schreien. Der stämmige Mann zieht ihn am Arm hinter sich her, die Straße entlang, zurück zum Heim.

»Wenn du nicht sofort brav bist«, schreit er, während er Sascha von oben herab mit strengem Blick anschaut, »versohle ich dir den Hintern so sehr, daß du nicht mehr sitzen kannst!«

Sascha und der Mann erreichen das Hauptportal. Sascha schaut zum Portal hinauf direkt auf die Statue der *Mutter Maria* und sieht seitlich ein großes Schild mit der Inschrift: »DAS HEIM DER TRAURIGEN KINDER«.

Der stämmige Mann führt Sascha an der Pforte vorbei durch die große Eingangshalle. Hinter einer Glasscheibe sieht Sascha eine Schwester sitzen, die telefoniert. Ein riesengroßes Kreuz hängt an der Wand. An einer anderen Wand sieht er ein großes Bild, auf dem Jesus abgebildet ist, umgeben von kleinen Kindern; auf seinem Schoß sitzt ein kleiner Junge, den er streichelt.

Sasche und der Mann gehen einen langen Flur entlang und halten vor einer großen Tür. Der Mann öffnet diese Tür und schubst Sascha leicht in einen riesigen Saal. In dem Saal herrscht eine beängstigende Stille. Sascha geht bis zur Mitte des Saals und bleibt dort vor Angst wie angewurzelt stehen. Plötzlich fangen seine Knie an zu zittern. Die Unsicherheit nimmt zu, und er hat das Gefühl, jeden Moment in sich zusammenzufallen.

Vorsichtig schaut er sich in dem großen Saal um, und seine Augen bleiben an einer Wand haften. Dort sieht er wieder ein riesengroßes Kreuz aus Holz. Dieses Kreuz ist mindestens so groß wie er selbst. Sascha schaut sich das Kreuz von oben bis unten an. Und er blickt auf Jesus, der ans Kreuz genagelt zu ihm hinunterschaut.

Direkt unterhalb des Kreuzes nimmt er hinter einem Schreibtisch die Schwester wahr, die ihn zusammen mit dem großen Mann in Empfang nahm und für die Krankenschwester die Empfangsbestätigung unterschrieb. Diese Schwester lächelt Sascha mit einem mütterlichen, frommen Blick an und mustert ihn von unten nach oben. Ihre Augen bleiben am Gesicht des weinenden Saschas haften. Sascha zuckt zusammen. Er versucht, sich von dem Blick der Schwester zu befreien, doch es gelingt ihm nicht. Sascha schaut der Schwester auf den Mund und sieht, wie dieser auf und zu geht und die Lippen sich bewegen.

»Ich bin die Oberin Schwester Andrea!«

Ihre Stimme wirkt auf Sascha beängstigend.

Ein großer Mann mit graumeliertem Haar und einem grauen Anzug mit schwarzem Hemd betritt den Saal. Saschas weinende Augen schauen in das strenge Gesicht dieses Mannes, der ihn begutachtet. Er geht auf Sascha zu und bleibt direkt vor ihm stehen.

»Ich bin Herr Müller, der Heimleiter und Priester!«

Herr Müller schaut Sascha ins Gesicht und fixiert gleichzeitig seine Kinderaugen. Sascha bemerkt, daß die Gesichtszüge dieses Mannes sich nicht verändern. Sie drücken Einsamkeit und Leblosigkeit aus.

»Wie heißt du?« fragt ihn dieser Mann laut.

Sascha antwortet ihm nicht und weint nur noch lauter. Herr Müller schaut ihn erstaunt an.

»Warum weinst du?«

Sascha weint noch heftiger. Tränen kullern über sein Kindergesicht. Die Stimme dieses Mannes wird leiser und ruhiger. Er fragt Sascha noch einmal nach seinem Namen.

»Wie heißt du?«

»Sascha Hesse«, antwortet Sascha mit leiser, weinender Stimme.

Herr Müller geht auf die Oberin Andrea zu und bleibt neben ihr stehen. Beide schauen Sascha an, der immer noch wie angewurzelt in der Mitte des Saals steht. Die Oberin Andrea nimmt eine dicke Akte in die Hände. Mit ernstem Blick blättert sie in der Akte: Sie liest, sie schüttelt den Kopf, sie blättert weiter. Es ist eine Zeitlang still, nur Saschas Weinen und Schluchzen und das »Knistern« der Aktenblätter sind hörbar. Die Augen der Oberin sind auf ein Blatt gerichtet, aus dem sie plötzlich laut vorliest.

»Das Kind kann, seit es im Kinderheim ist, unterscheiden und begreifen, hat Gedächtnis und besitzt Nachahmungstrieb.«

Die Oberin blickt nickend zu Herrn Müller. Und während sie aus dem Inhalt weiter laut vorliest, schaut sie immer wieder über ihre Brille hinweg Sascha direkt ins Gesicht.

»Es hat auch Neigung und Geschick zur Beschäftigung, vor allem zu praktischen Arbeiten. Der Junge ist schnell aufgeregt und ängstlich. Er ist oft störrisch, im allgemeinen aber verträglich und gesellig. Er ist nicht zerstörungssüchtig und hat keine besonderen Gewohnheiten.«

Über die Brillenränder hinweg blickt die Oberin Andrea zu Sascha und fängt an zu lächeln. Sie blättert weiter in der Akte und liest, wobei sie einen Zeigefinger zur Hilfe nimmt, einen Teil aus einer anderen Seite vor.

»Es muß unbedingt berücksichtigt werden, daß es sich bei dem Kind um einen sehr sensiblen Jungen handelt, der bereits in den ersten Lebensjahren von seiner Mutter körperlich mißhandelt wurde. Somit bedarf er jetzt einer besonders liebevollen Pflege.«

Mitleidig blicken die Oberin Andrea und Herr Müller zu Sascha. Plötzlich schreckt Sascha in sich zusammen, denn Schwester Oberin Andrea und Herr Müller erklären laut, wie aus einem Mund:

»Du wirst hier eine wunderschöne Zeit erleben, an die du später gerne zurückdenken wirst, glaub mir! Es kommt der Tag, wo du stolz, ja uns dankbar sein wirst, hier im ›Heim der traurigen Kinder‹ deine Kindheit und Jugend verlebt zu haben!«

Mit Sascha an der einen Hand und in der anderen Hand dessen Koffer, geht Herr Müller aus dem Büro.

Über einen sehr langen Flur gelangen sie zu einem Treppenaufgang. Sascha steht da, sprachlos und erstaunt. So ein großes Treppengeländer, das den Blick auf die innere hohe Decke freigibt, hat er noch nie gesehen. Und er schaut von oben nach unten.

Im ganzen Treppenhaus herrscht eine furchterregende Stille. Sascha sieht nirgendwo spielende Kinder, und er hört auch kein Kindergeschrei.

Im dritten Stock angelangt, öffnet Herr Müller eine große Glastür, an der ein Schild mit dem Gruppennamen »St. Martin« angebracht ist. Sascha, der das Geklirr von Geschirr und Besteck wahrnimmt, sieht vor sich einen sehr langgezogenen Flur; auf einer Seite befinden sich, die ganze Wand entlang, große Fenster; unterhalb der Fensterfront ist eine große, durchgezogene Bank; auf der anderen Seite befinden sich zahlreiche Türen, die zu einzelnen Räumen führen. Beide gehen den langen Gruppenflur, auf dem sich niemand befindet, entlang. Vor einer großen Tür bleiben sie stehen, und Herr Müller öffnet die Tür. Sie betreten einen großen Saal und bleiben in der Mitte stehen.

Sascha schaut sich diesen Saal näher an und sieht in drei Reihen ein Bett neben dem anderen, daneben jeweils einen Nachttisch. Er ist erstaunt, denn die Farbe und das Muster der Bettwäsche sind überall gleich; auch die Betten und Nachttische sind alle gleich gebaut, und in einem hellen Braun lackiert; die hohen Wände sind hellgrün; an den Wänden hängen keine Bilder; nur ein großes Kreuz mit dem gekreuzigten Jesus hängt an einer Wand zwischen zwei großen Fenstern. Der PVC-Boden ist blitzblank gebohnert; auf den Betten befindet sich keinerlei Spielzeug.

Vor einem Bett bleibt Herr Müller stehen und stellt den Koffer ab.

»Sascha«, erklärt er mit einer Handbewegung, »das da ist dein Bett.«

Durch eine weitere Handbewegung fordert er Sascha stumm auf, ihm zu folgen, während Sascha seinen Teddybären unterm Kopfkissen versteckt.

Herr Müller und Sascha gehen in den Speisesaal. Sascha sieht in dem Saal mit den hohen Wänden viele Jungen, die an mehreren großen Tischen sitzen und frühstücken. Und er nimmt auch zwei Schwestern und eine Erzieherin wahr. Alle Kinderaugen, auch die Augen der Schwestern und der Erzieherin, sind auf Herrn Müller und Sascha gerichtet.

Die Kinder stehen im Gleichschritt auf und begrüßen den Heimleiter.

»Guten Tag Herr Müller!«

Auf die Begrüßung reagiert er nicht.

»Das ist Sascha Hesse«, stellt Herr Müller Sascha allen vor.

Er verabschiedet sich und verläßt den Speisesaal. Die Kinder setzen sich wieder hin. Sascha nimmt auch hier eine nie zuvor gekannte, furchterregende Stille wahr. Eine der Schwestern, eine ältere Frau, schaut Sascha an, geht auf ihn zu, bückt sich zu ihm nieder und lächelt.

»Ich bin Schwester Emanuela, das ist Schwester Sabine, und das ist Fräulein Jung«, klärt sie ihn mit überhöflicher frommer Stimme auf.

Sascha weicht etwas nach hinten zurück und sieht ihr ins Gesicht. Sein Gesicht verzerrt sich. Das alte, faltige Gesicht strahlt Ablehnung und Kälte aus. Schwester Emanuela, die eben noch lächelte, schaut ihn plötzlich mit einem ernsten Gesichtsausdruck an und deutet auf einen Platz direkt am Fenster.

»Nimm bitte dort vorne am Fenster Platz!«

Sascha geht zu dem Platz, setzt sich hin und blickt zur Fensterbank, auf der ein Vogelkäfig steht. Im Käfig befindet sich ein Vogel, der ihn bewegungslos und schweigend anschaut.

Sascha wendet sich von dem Vogel ab und beobachtet einige der Kinder. Bei einem sieht er eine geschwollene Backe; bei einem anderen rot angelaufene Ohren.

Die Kinder wirken leblos und lustlos, ihre Gesichter zeugen von Angst, Einsamkeit und Hoffnungslosigkeit. Bewegungslos schauen sie alle zu ihm, dem Kind Sascha.

Sascha versucht durch ein Lächeln, die Kinder zum Lachen zu bringen, doch niemand erwidert sein Lächeln. Er probiert es mit Faxen, in der Hoffnung, daß die Kinder endlich anfangen, Kinder zu sein. Doch sie bleiben stumm und ihre Gesichter ernst.

An Saschas Tisch flüstern plötzlich zwei Kinder miteinander. Schwester Emanuela hört das Geflüster und geht auf sie zu. Die alte Frau schaut in das Gesicht eines der beiden Kinder und schlägt zu. Ein kurzer lauter Kinderschrei geht durch den Speisesaal. Der Stuhl des Kindes kippt rückwärts nach hinten. Das Kind fällt auf den Boden und versucht, seinen Körper eingerollt, sich vor weiteren Schlägen zu schützen. Doch es hat gegen die gewaltige, große Schwester keine Chance. Schwester Emanuela bückt sich zu ihm nieder und schaut in das ängstliche Kindergesicht. Im Speisesaal herrscht schlagartig eine angstvolle Stille.

Alle Kinder sehen sprachlos und voller Angst zu. Keiner wagt es, den Mund aufzumachen. Niemand versucht, dem Kind zu helfen. Die Kinder sitzen bewegungslos auf den Stühlen und schweigen vor Angst.

Laut fängt das Kind an zu weinen, und sein kleiner Körper zittert vor Angst. Es schaut der übermächtigen und gewalttätigen alten Frau hilflos ins Gesicht. Und während sie in das ängstliche und hilflose Kindergesicht schaut, zerrt sie das Kind an den Haaren nach oben. Vor Schmerz schreit es noch lauter auf.

»Du Satansbraten, dir werde ich es zeigen!« brüllt sie das Kind an und läßt von den Haaren ab. »Ich schlage dich krankenhausreif, wenn du nicht sofort aufhörst zu schreien und zu heulen!«

Schlagartig hört das Kind mit dem Schreien und Weinen auf. Es steht wie versteinert, hilflos und voller Angst vor Schwester Emanuela, die es mit kaltem Blick mustert. Die kleinen Kinderhände bewegen sich plötzlich und versuchen, das Kindergesicht zu schützen. Zwischen seinen Fingern hindurch schaut das Kind Schwester Emanuela direkt ins Gesicht und macht vor Angst in die Hose. Schwester Emanuela sieht, wie der nasse Fleck auf seiner Hose an Größe zunimmt. Eine Sekunde lang ist die alte Frau geschockt. Dann steigert sie ihre Aggressionen: Sie packt das Kind und wirft es gegen eine Wand. Das Kind schreit erneut laut auf und fällt zu Boden.

»Bitte, bitte, Schwester Emanuela, hören Sie auf«, fleht das Kind mit zitternder Stimme, »ich werde gehorchen, ich mache alles, was Sie wollen, ich werde mich beim Essen mit anderen Jungs nicht mehr unterhalten!«

Schwester Sabine beobachtet Schwester Emanuela, die weiter auf das Kind einschlägt, und schließt für einen kurzen Moment die Augen, während sie betroffen die Hände faltet. Schwester Emanuela schaut zu Sascha, der vor Angst zusammenzuckt und zu zittern und zu weinen beginnt. Völlig außer Atem hört die alte Frau plötzlich mit dem Schlagen auf.

»Steh sofort auf und setz dich auf deinen Platz«, befiehlt sie dem Kind in aggressivem Tonfall.

Am ganzen Körper zitternd steht das Kind auf, setzt sich auf seinen Stuhl und legt die Hände auf den Tisch. Es beobachtet seine Hände und ist bemüht, daß diese nicht zittern. Mit großer Konzentration versucht das Kind, seinen zitternden Körper in die Gewalt zu bekommen. Denn jede Bewegung, jedes Zittern auch nur eines einzigen Körperteils wird neue Gewalt durch Schwester Emanuela bewirken. Nicht einmal die Augenlider bewegt das Kind. Kerzengerade und stumm sitzt es auf dem Stuhl.

Schwester Emanuela geht auf das andere Kind zu, das sich vor Angst nicht rührt. Sascha schaut dem Kind ins Gesicht und sieht in ihm eine große Angst und ein Flehen. Das Kind fängt an zu zittern und zu weinen. Es verfolgt jede Bewegung von Schwester Emanuela und sieht, wie sich deren Hand zur Faust zusammenballt. Sekunden später spürt das Kind die Faust in seinem Kindergesicht und schreit laut auf. Die Brille fällt ihm von der Nase, das Gestell und die Gläser gehen dabei zu Bruch. Glasteile und Glassplitter fliegen durch die Luft und fallen auf den Boden. Das Kind greift sich an die Nase und bemerkt, daß aus ihr Blut fließt. Schwester Emanuela, die wieder zuschlagen will, hält plötzlich inne, denn sie sieht das Blut.

Sascha ist voller Mitgefühl für diese beiden Kinder. Traurigkeit überkommt ihn. Er schaut aus dem Fenster und sieht die Straße entlang in die Richtung, von der er heute gekommen war. Er schaut den Autos nach, die in diese Richtung fahren. Plötzlich nimmt er diese Autos nicht mehr wahr. Sascha sieht vor sich das Kinderheim, seine Freunde, mit denen er die ersten Jahre seines Lebens zusammenlebte, die liebe Schwester Roselore und den Kinderspielplatz. Nur für wenige Sekunden kann er diese schöne Zeit noch einmal durchleben, denn er wird schlagartig von der Wirklichkeit eingeholt.

Sascha hört die Stimme von Fräulein Jung, die sich mit Schwester Emanuela über ihn unterhält.

»Der Junge hat Heimweh! Interessant ist, daß die Neuen immer den Autos hinterher schauen. Der will unbedingt zurück in das Kinderheim!«

»Der hört schon von selbst damit auf«, antwortet ihr Schwester Emanuela, »irgendwann!«

Mit strenger Miene schaut sie zu Sascha herab. Sascha zuckt zusammen und wischt sich die Tränen aus dem Gesicht. Schwester Emanuela wendet sich Fräulein Jung zu, und Sascha nutzt die Chance und läuft zur Tür.

Über den langen Flur läuft er zum Schlafsaal und wirft sich auf das ihm zugewiesene Bett. Weinend holt er den Teddybär unterm Kopfkissen hervor und drückt ihn fest an sich. Plötzlich vernimmt er Fräulein Jungs Stimme, dreht sich um und schaut ihr direkt ins Gesicht.

»Es ist verboten«, erklärt sie dem ängstlich daliegenden Sascha mit strenger Miene, »sich tagsüber im Schlafsaal aufzuhalten!«

Fräulein Jung greift plötzlich nach dem Teddybär, bekommt ihn an den Füßen zu fassen und zieht an diesen. Sascha hält seinen Teddybär festumklammert und läßt ihn nicht los.

»Gib mir sofort auf der Stelle den Teddybär, sofort«, schreit sie ihn an. »Wenn du mir den Teddybär nicht sofort herausgibst, bekommst du eine Tracht Prügel, an die du dich dein Leben lang erinnern wirst.«

Angstvoll und am Körper zitternd schaut Sascha sie an, während die Tränen immer mehr werden.

»Nein! Nein! Ich gebe meinen Teddybär nicht her«, schreit er aus voller Kehle, »der Teddybär gehört mir!«

Fräulein Jung gibt nicht auf. Mit größter Kraft zieht sie an den Füßen des Teddybärs. Sie fällt plötzlich nach hinten auf ein anderes Bett und hält in den Händen die Füße des Teddybärs. Sascha schreit laut auf. Fräulein Jung schaut auf die Füße des Teddybärs und schmeißt sie durch die Luft. Die Füße fallen auf den Boden. Sie steht wieder auf und bekommt Sascha an den Haaren zu fassen und zwingt ihn, vom Bett aufzustehen. Erneut schreit Sascha laut auf. Fräulein Jung läßt Saschas Haare los und erhebt ihre rechte Hand. Sascha sieht die innere Handfläche, die mit voller Wucht auf sein Gesicht niedergeht, und fällt zu Boden. Verzweifelt versucht er, das Gesicht mit seinen Händen zu schützen. Doch er hat gegen Fräulein Jung keine Chance. Wieder greift sie nach seinen Haaren und reißt ihn, während sie ihn mit strenger Miene anschaut, ohne Vorwarnung vom Boden hoch.

Sascha schreit laut auf.

»Au! Das tut sehr weh, bitte, bitte lassen Sie mich in Ruhe!« schreit er aus voller Kehle.

Fräulein Jung läßt Saschas Haare los und hält ein Bündel Haare in der Hand. Sie öffnet die Hand, sieht das Bündel Haare auf der Handinnenfläche, dreht diese zum Boden hin um und schüttelt sie. Die Haare fallen und fliegen durch die Luft und gehen auf dem Boden nieder. Wütend schaut Fräulein Jung zu Sascha und schreit aus voller Kehle: »Dir werde ich es zeigen!«

Dann verläßt sie den Schlafsaal. Sascha, der am ganzen Körper zittert, sammelt die Füße des Teddybärs auf und legt den Teddybär samt Füßen in seinen Kleiderschrank.

2 Schwester Emanuela und Sascha stehen vor dem Schreibtisch des Schuldirektors.

»Das ist Sascha Hesse, der Neue aus meiner Gruppe«, klärt sie den Schuldirektor auf.

Sie schaut zu Sascha und setzt ein verkrampft wirkendes Lächeln auf.

»Ich hoffe für dich, daß du hier in der Schule gehorchst und niemals widersprichst«, mahnt sie Sascha im strengen Ton, »hast du mich verstanden!«

Ohne irgendeine Reaktion Saschas abzuwarten, verabschiedet sie sich und geht aus dem Direktorzimmer. Der Schuldirektor lächelt Sascha väterlich an.

»Ich bin der Schulleiter, Herr Bieber.«

Herr Bieber steht auf, geht auf Sascha zu und gibt ihm die Hand.

»Setz dich bitte an den Tisch. Wir machen jetzt verschiedene Tests!«

Auf dem Tisch befindet sich ein Puzzle, leere Blätter und Malstifte.

»Sascha, du kannst doch malen? Bitte male irgend etwas, was dir gerade so einfällt. Laß dir Zeit!«

Sascha nimmt einen Malstift und malt einen kleinen Jungen, der weint, und eine große Schwester, die vor ihm steht. Oberhalb der beiden malt er ein großes Kreuz, an das Jesus genagelt ist. Unter den Augen von Jesus bringt er Tränen an, der Mund ist vor Schmerz weit geöffnet. Das von Sascha gemalte Bild nimmt Herr Bieber an sich, legt es auf seinen Schreibtisch und schaut Sascha entsetzt an.

»Sascha«, fragt er irritiert, »was soll das denn darstellen?«

Sascha schaut ihn an, und ihm kommen Tränen, die er mit einer Hand aus dem Gesicht wischt. Herr Bieber schaut ihn mitleidig an, ist für einen kurzen Moment sprachlos.

»Bitte, bau das Puzzle zusammen«, seine Stimme wirkt plötzlich schlagartig leise und traurig, »ich drücke jetzt die Stopuhr.«

Herr Bieber nimmt eine Stopuhr in die Hand und drückt auf einen dort angebrachten Knopf. Sascha zögert erst, dann versucht er, das Puzzle zusammenzubauen. Nach einer längeren Zeit schaut Herr Bieber auf die Stopuhr und sagt laut »Stop!«, während er den Knopf drückt. Er schaut Sascha, der nur einen kleinen Teil des Puzzle zusammengebaut hat, an.

»Sascha, wieviel ist 10 + 5?«

»15, Herr Direktor!«

Herr Bieber macht sich Notizen und bittet Sascha, aufzustehen. Er nimmt Sascha an der Hand und verläßt mit ihm sein Büro.

Herr Bieber und Sascha gehen den langen Schulflur entlang. Aus den Schulräumen hört man Kinder- und Frauenstimmen. Am Ende des langen Flurs geht eine Schwester entlang; sie öffnet eine Tür und verschwindet dahinter.

Vor einer anderen Tür bleibt Herr Bieber stehen und öffnet sie. Beide betreten das Klassenzimmer und gehen auf eine Schwester zu, die an der Tafel steht.

Die Schüler stehen alle gleichzeitig auf.

»Guten Morgen, Herr Direktor!« begrüßen sie den Schuldirektor.

»Guten Morgen, meine Kinder! Nehmt wieder Platz«, erwidert der Schuldirektor lächelnd.

Die Schüler setzen sich, wie befohlen, wieder hin.

»Das ist deine Lehrerin Schwester Rosa«, erklärt der Schuldirektor Sascha liebevoll, »und das ist deine Klasse. Setz dich an den Tisch dort am Fenster.«

Vorsichtig schaut Sascha sich um und sieht direkt in die Gesichter der Schüler. Ihre starren Blicke sind alle auf ihn gerichtet. Alle sitzen völlig leblos und bewegungslos kerzengerade hinter ihren Schulbänken. Kein Schüler gibt einen Laut oder ein Geräusch von sich.

Herr Bieber spricht kurz und flüsternd mit der Lehrerin und verläßt dann das Klassenzimmer, während Sascha an der Schulbank Platz nimmt. Die Lehrerin und Schwester geht auf Sascha zu und lächelt ihn an.

»Wie der Schuldirektor dir bereits sagte, bin ich Schwester Rosa. Ich sage dir gleich, daß ich keinerlei Widerrede dulde!«

Während sie weiterspricht, wechselt ihr Gesichtsausdruck: Aus einem Lächeln wird ein ernster, strenger Blick.

»Bei mir herrscht Zucht und Ordnung! Wer sich nicht an meine Spielregeln hält, bekommt seine gottgerechte und gottgewollte Strafe! Haben wir uns verstanden?«

Mit einem strengen Blick schaut sie in Saschas ängstliches Kindergesicht.

»Komm mal mit mir an die Tafel«, nimmt sie sich Sascha gleich zur Brust, »und lies laut vor, was da geschrieben steht!«

Sascha ist irritiert und gehemmt; sein Gesicht läuft rot an. Und er schämt sich, an die Tafel zu gehen.

»Sascha, komm bitte mit zur Tafel«, fordert sie ihn noch einmal eindringlich auf.

Langsam steht er auf und folgt der Schwester zur Tafel. Leise und gehemmt liest er vor: »Lasset die Kinder zu mir kommen, denn ihnen gehört mein Himmelreich.«

Die Schulglocke fängt an zu läuten. Schwester Rosa schaut auf die Uhr und verkündet: »Ihr könnt jetzt auf den Schulhof gehen!«

Sascha geht wie alle anderen auch auf den Schulhof. Hier nimmt er die gottgewollte Geschlechtertrennung wahr, die ihm bereits bei seiner Gruppe aufgefallen war und die nur vorübergehend in der Schule und in der Kirche aufgehoben ist. Auf der einen Seite stehen die Mädchen, auf der anderen Seite die Jungen. Die Mädchen schauen zu den Jungs hinüber und tuscheln miteinander. Sie bemerken Sascha, der sich an einen Baum anlehnt.

»Das ist Sascha, der Neue aus meiner Klasse«, schwärmt eines der Mädchen, »der sieht toll aus! Der müßte mein Freund sein!«

Das Mädchen schaut sich Sascha genau an und lächelt. Sascha, der in ihre Richtung guckt, schaut scheu weg. Die Mädchen unterhalten sich weiter und reichen unter sich Bilder herum, auf denen nackte Jungen abgebildet sind.

»Petra, du hast bei Sascha genauso wenig eine Chance wie wir«, sagt ein Mädchen laut lachend, »ihr wißt ja, was uns blüht, wenn man sich mit einem Jungen einläßt!«

»Du blöde Kuh«, reagiert Petra giftig, »erinnere uns nicht ständig daran! Du bist doch genauso scharf darauf wie wir – du kannst es ruhig zugeben!«

Drei Kinder kommen auf Sascha zugelaufen und bleiben vor ihm stehen. Einer von ihnen lächelt ihn an.

»Ich bin der Frank«, und während Frank jeweils mit dem Zeigefinger auf die anderen zeigt, stellt er auch sie vor, »das ist Michael, und das ist Stefan.«

Sascha schaut die Kinder der Reihe nach an und erkennt an den Gesichtern, daß sie aus seiner Gruppe sind. In Frank erkennt er das Kind mit der geschwollenen Backe und in Michael das Kind, dessen Ohren rot angeschwollen sind.

»Was habt ihr denn da?« fragt Sascha.

»Das war Schwester Emanuela«, antwortet Frank für sich und Michael, »die schlägt ganz schön fest zu! Heute morgen hast du das doch selbst mitbekommen!«

Stefan grinst ihn liebevoll an.

Einige Kinder spielen Fußball oder balgen herum. Andere haben einen Kreis um zwei Kinder gebildet, die sich raufen. Das eine Kind ist dick und trägt eine Brille, das andere Kind ist schlank und kräftig gebaut. Das dickere Kind liegt mit dem Rücken auf dem Boden, und das schlanke Kind sitzt auf ihm. Die umherstehenden Kinder lachen, grölen, reiben sich die Hände und ballen die Hände zu Fäusten zusammen; einige rufen dem schlanken Kind zu:

»Herbert, mach das dicke, fette Schwein Ralf schon fertig! Los, schlag ihm die Fresse ein!«

»Hört endlich auf damit«, schreit Sascha laut, während er auf die beiden zugeht.

Ein Kind in der Runde drängt Sascha zur Seite und hält ihn am Arm fest. Sascha versucht, sich loszureißen, doch das Kind schubst ihn plötzlich mit Wucht zur Seite.

Herbert schlägt weiter auf Ralf ein. Mit einem Faustschlag schlägt er ihm die Brille von der Nase. Die Brille fällt auf den Boden, und die Gläser fallen aus der Brillenfassung. Die Glasscheiben und -splitter fallen umher.

»Herbert, du Arschloch! Du hast meine Brille kaputtgemacht«, schreit Ralf laut auf, »hör endlich mit dem Boxen auf, ich sehe nichts mehr!«

Herbert, dessen Gesicht Gefühlskälte und Aggressivität ausdrückt, sieht plötzlich nicht mehr Ralf wehrlos und hilflos unter sich liegen, sondern sich selbst. Herbert erkennt vor sich auf dem Boden, als würde er in einen Spiegel schauen, das wehrlose und hilflose Kind Herbert, das den Schlägen der allmächtigen Schwester Emanuela immer wieder neu ausgesetzt ist. Herbert ist stolz darauf, hier und jetzt nicht das wehrlose und hilflose Kind zu sein, das der Gewalt der Schwester Emanuela ausgesetzt ist. Herbert nutzt die Hilflosigkeit von Ralf aus und schlägt noch fester zu. Und siegessicher fängt er an zu lachen. Mit einem Faustschlag versetzt er Ralf einen gewaltigen Schlag in den Magen. Ralfs Gesicht läuft rot an, und er bewegt sich eine kurze Zeit nicht mehr. Plötzlich fängt er laut an zu schreien und zu weinen.

Herr Bieber erscheint auf dem Schulhof. Er schaut zu den Schülern und sieht die beiden Kinder am Boden liegen. Er rennt auf sie zu und stellt sich breitbeinig vor die am Boden liegenden Kinder.

»Ihr steht beide sofort auf und kommt mit mir«, schreit er sie an.

Sascha entfernt sich vom Geschehen und schüttelt den Kopf.

Sascha geht zum Treppenhauseingang, und über die Stufen, die nach oben zu den Gruppen führen, erreicht er eine große Tür. Oberhalb dieser Tür sieht er eine große Statue aus Marmor, die die *Mutter Maria* darstellt. Sascha öffnet die Tür und sieht vor sich die Heimkirche. Er betritt die Kirche und schließt hinter sich die Tür. Über den langen Mittelgang geht Sascha bis zum Vorplatz, der zum Altar führt. Dort macht er eine Kniebeuge und bekreuzigt sich.

Auf der ersten Kirchenbankreihe kniet er sich nieder. Sein Blick richtet sich auf das große Kreuz oberhalb des Altars. Sascha faltet seine Hände und spricht leise mit der gekreuzigten Jesusfigur.

»Wenn es dich gibt, so möchte ich mit dir reden, dich sehen, dich hören, dich anfassen!«

Sascha fixiert mit seinen Kinderaugen Jesus. Ihm kommen Tränen, die über sein Gesicht kullern. Sein kindhafter, fragender Blick weicht nicht von Jesus ab.

»Warum antwortest du mir nicht?«

Plötzlich nimmt Sascha ein Geräusch wahr und schreckt auf. Er dreht sich um und sieht im Mittelgang eine kleine, alte Schwester, die sich auf einen Stock abstützt, auf sich zukommen.

Die Schwester geht an ihm vorbei, bleibt vor dem Altar stehen, faltet ihre Hände und macht eine Kniebeuge. Dann geht sie auf Sascha zu und lächelt ihn an. Sascha steht auf und will zu einer Erklärung ausholen, doch plötzlich nimmt er ihre alte, zitternde Stimme wahr.

»Ich bin Schwester Berta. Bleib nur sitzen, mein Junge«, flüstert sie ihm mit einem Zittern in der Stimme liebevoll zu.

Schwester Berta entfernt sich und geht langsam zum Aufgang, der zur Empore führt. Sascha, der sie schwer atmen hört und jeden Aufschlag ihres Gehstocks wahrnimmt, schaut ihr hinterher. Über die Stufen erreicht Schwester Berta die Empore und die Kirchenorgel. Sascha schließt die Augen und ist in Gedanken versunken. Plötzlich hört er die Töne der Orgel. Er schaut nach oben zur Empore und sieht die kleine Gestalt der Schwester in ihrer schwarzen Tracht. Sascha, den die Musik tief bewegt, steht auf, geht zum Aufgang und dort die Stufen, die nach oben führen, hoch. Langsam nähert er sich der Schwester, bleibt neben ihr stehen und schaut ihr seitlich in das alte und faltige Gesicht. Ihre Augen glänzen. Schwester Berta weint. Die Tränen wischt sie sich nicht aus dem Gesicht, so daß diese auf ihre Tracht tröpfeln.

Schwungvoll bewegt sie mit ihren Händen die Tasten der Orgel. Die Orgelmusik wird immer lauter und von der Tonlage her immer trauriger. Sascha, der neben der alten Frau steht, ist ergriffen von der traurigen Musik. Schwester Berta wendet ihr Gesicht zu einem offenstehenden Fenster. Sascha folgt ihrem Blick. Die alte Frau schaut aus dem Fenster, ihr Blick ist auf einen großen Baum gerichtet. In der Baumkrone sieht sie Vögel, die sich dort niederlassen oder gerade wegfliegen. Sie blickt zum Himmel.

Schwester Berta dreht sich zu ihm um und lächelt ihn an. »Mein Junge, du solltest zurück in die Schule gehen«, flüstert sie ihm zu, während sie weiterspielt, »wenn man deine Abwesenheit bemerkt, wird man sehr sehr böse auf dich sein!«

»Sie sind ganz anders als Schwester Emanuela«, erwidert Sascha und lächelt sie an, »ich mag Sie sehr!«

»Ich weiß: Schwester Emanuela ist sehr böse!«, erwidert ihm die alte und gebrechliche Frau mit trauriger Stimme.

Langsam entfernt sich Sascha von ihr und geht die Stufen hinab zum Ausgang. Bevor er die Kirche verläßt, schaut er noch einmal zu Schwester Berta hoch und sieht, wie sich ihr alter Körper im Gleichschritt mit der Orgelmusik heftig hin und her bewegt. Noch im Treppenhaus hört er die Orgelmusik.

Sascha schleicht sich leise über den Schulflur an den einzelnen Klassenzimmertüren vorbei, bis er vor seiner Klassentür steht. Ihn überkommt Angst, denn er merkt, daß die Schulpause vorbei ist. Sascha hört seine Mitschüler und Schwester Rosa ein Lied singen. Er klopft an, öffnet die Tür und sieht auf dem Pult einen Rohrstock liegen. Sascha zuckt zusammen und schaut in das Gesicht der Schwester Rosa, die mit einer Handbewegung ihre Schüler zum Schweigen bringt.

»Warum kommst du erst jetzt zum Unterricht?« schreit sie ihn an.

»Ich war in der Kirche und habe gebetet«, antwortet Sascha, und seine Stimme zittert.

»Du warst in der Kirche?« wiederholt die Schwester lautstark, während sie die Schüler der Reihe nach anschaut. »Du hast gebetet, zum allmächtigen Gott im Himmel? *Du*?« Schwester Rosa holt tief Luft und brüllt aus voller Kehle: »Du Gottloser! Du Gotteslästerer!«

Sascha schweigt, er zittert am ganzen Körper. »Das ist unglaublich, Gott als Entschuldigung für dein Zuspätkommen zu mißbrauchen!«

Schwester Rosa schaut ihn aggressiv an. Ihre rechte Hand zittert. Die Schüler, die vor Angst zusammenzucken, bleiben wie befohlen still, und keiner rührt sich. Ihre Gesichter spiegeln die Angst wider, die Sascha durchlebt. Schwester Rosa geht auf Sascha zu, erhebt ihre rechte Hand und schlägt ihm ohne Vorwarnung ins Gesicht. Sascha kippt leicht nach hinten und kann sich gerade noch fangen. Wie benommen steht er vor Schwester Rosa und sieht ihr direkt auf den Mund, der sich immer wieder weit öffnet und schließt, während sie ihn anschreit.

»Nimm Haltung an, wenn ich mit dir rede. Ich habe dich was gefragt. Ich will von dir eine ehrliche Antwort. Verstanden! Noch einmal: Wo warst du?«

Petra schaut Sascha, der keinen Ton aus sich herausbekommt und den Eindruck hat, als sei seine Kehle zugeschnürt, mitleidig und mitfühlend an. Sascha kämpft gegen die Tränen an, kann sie jedoch nicht zurückhalten.

»In der Kirche«, kommt es plötzlich unerwartet aus ihm heraus. Mit ängstlicher und zitternder Stimme beschwört er den Gott in Schwester Rosa: »Bei Gott, ich sage die Wahrheit!«

Schwester Rosa schlägt ihm erneut ins Gesicht. Die Schüler schauen sprachlos und voller Angst zu. Mit beiden Händen greift sie Saschas Ohren und zieht ihn mit aller Kraft hoch. Sascha, der laut aufschreit, schaut nach unten und sieht, daß er unter seinen Füßen den Boden verliert. Er schaut der Schwester Rosa in ihr altes Gesicht und bemerkt, daß sie alle Kraft braucht, um ihn in der Luft halten zu können. In ihrem Gesicht bildet sich Schweiß, und sie atmet schwer durch.

»Du Lügner! Du Gottesschänder!« brüllt sie ihn an. »Wenn du nicht sofort hier und jetzt auf der Stelle die Wahrheit sagst, reiße ich dir die Ohren ab!«

Tränen kullern von Saschas Gesicht direkt auf die Brille der Schwester.

»Schwester, bitte, bitte, lassen Sie mich runter«, schreit er laut und hilflos, »ich sage die Wahrheit: Ich war in der Kirche und habe zum lieben Gott gebetet!«

»Lügner kommen in die Hölle!« brüllt sie durch den Klassenraum, während sie, völlig außer Atem, Sascha wieder auf den Boden stellt und dann ihre Schüler einzeln anschaut.

»Und sie sterben«, fährt sie laut fort, während sie zum Kreuz blickt, »einen langsamen, qualvollen Tod im Fegefeuer!«

Stefan, der Sascha mitleidig anschaut, dreht sich weg. Die Tränen in seinen Augen zeigen Mitgefühl für Sascha. Er schaut aus dem großen Fenster direkt zu einem Baum, um den Vögel friedlich hin und her fliegen.

Mit einem mahnenden Blick schaut Schwester Rosa Sascha in die Augen.

»Setz dich sofort auf deinen Platz!« fährt sie ihn an.

Plötzlich und für alle völlig unerwartet hört sie mit dem Schreien auf. Als sei nichts gewesen, erzählt sie, wieder der ganzen Klasse zugewandt, im ruhigen, liebevollen Ton vom lieben Gott und seinem Sohn Jesus.

»Jesus hat am Kreuz sehr, sehr gelitten«, erklärt sie allen mit leiser Stimme, während sie ihre Hände faltet, »er hat sich kreuzigen und foltern lassen für die Menschheit!«

Sascha denkt, er sieht nicht recht: Diese alte Frau hat Tränen in den Augen und weint.

Ihr Blick richtet sich wieder auf das über der Tafel hängende Kreuz, dann schließt sie die Augen. Die Tränen bahnen sich auch unter den Augenlidern hindurch weiter ihren Weg über das alte Gesicht. Sie wendet sich wieder ihren Schülern zu und steht völlig bewegungslos da.

»Steht bitte alle auf, wir wollen beten.«

Die Schüler stehen auf und falten ihre Hände.

»Lieber Gott, unser Herrscher und Gebieter, unser Allmächtiger Vater, dein Sohn Jesus hat am Kreuz sehr gelitten, laß uns teilhaben an seinen großen Schmerzen. Übertrage seine Schmerzen auf uns arme Sünder, damit wir nachempfinden können, wie sehr er für uns Menschen gelitten hat. Amen!«

Schwester Rosa macht eine Handbewegung, und die Schüler setzen sich wieder hin. Es herrscht Stille. Schwester Rosa schreibt Zahlen an die Tafel. Dann bewegt sie sich zum Pult hin und nimmt, während sie Stefan anschaut, den Rohrstock in die Hand. Gezielt steuert sie auf Stefan zu und läßt den Rohrstock leicht und regelmäßig auf ihre innere Handfläche niedergehen. Die Aufschläge des Rohrstocks sind für alle hörbar. Einige Schüler blicken auf den Rohrstock, andere schauen der Schwester ins Gesicht.

Vor Stefan bleibt Schwester Rosa stehen und schaut ihn eine längere Zeit lang an. Stefan fängt an zu zittern und beobachtet jede ihrer Bewegungen.

»Stefan, wie lautet das Ergebnis?« hört er sie plötzlich fragen.

Stefan, der die Aufgabe nicht verstanden hat, schaut auf die Tafel und dann hilflos zur Schwester Rosa, die breitbeinig vor ihm steht. Schwester Rosa lächelt ihn mit einem hoffnungsvollen Blick an.

»Aber Stefan, du wirst das Ergebnis ganz bestimmt wissen«, flüstert sie ihm in einem mütterlichen Ton zu. »Laß dir Zeit!«

Seine Lippen fangen an, sich zu bewegen, und er macht den Mund weit auf. Doch es kommt kein Ton aus ihm heraus. Plötzlich bewegt er heftig den Kopf und die Hände. Und gleichzeitig stößt er immer wieder erneut mit seinen Füßen auf den Boden auf. Er fängt an zu schwitzen, der Schweiß rinnt ihm über die Stirn.

Schwester Rosa wird unruhig und nervös.

»Stefan, stell dich nicht so an«, sagt sie, in der Tonlage nicht mehr mütterlich, mit lauter Stimme, »teile der ganzen Klasse nun endlich deutlich mit, wie das Ergebnis lautet!«

Stefan fängt an zu weinen. Schwester Rosa ballt ihre rechte Hand zusammen und gibt ihm eine Kopfnuß. Stefan schreit laut auf und greift mit den Händen an seinen Kopf. Plötzlich schlägt die alte Frau mit dem Rohrstock auf seinen Kopf ein. Stefan stößt erneut laute Schmerzensschreie aus und versucht, sich durch seine Arme zu schützen.

»Du Stotterliese«, schreit sie ihn an und gerät dabei erst richtig in Fahrt, »wirst du sofort deine Arme runternehmen, sofort!«

Stefan, der am ganzen Körper zittert, nimmt langsam die Arme herunter. Und plötzlich begreift er, daß Schreie ihm nichts nützen und es besser ist, keinen Schmerz zu zeigen und mit dem Weinen aufzuhören, damit Schwester Rosa nicht noch wütender wird. Indem er aufhört zu schreien und zu weinen, zeigt er keinen Schmerz mehr nach außen. Schwester Rosa schaut Stefan irritiert an, denn sie kann nicht verstehen, daß das Kind mit dem Schreien und dem Weinen aufgehört hat.

Stefan hat den Eindruck, als würde sie auf seinem Schreien und Weinen bestehen, denn die alte Frau schlägt weiter auf ihn ein. Doch Stefan schreit und weint nicht. Er bleibt ganz still. Nur sein Körper zittert weiter vor Angst.

Schwester Rosa blickt auf das Kreuz und schreckt auf, sie läßt von ihm ab. Langsam geht sie zur Tafel und dreht sich zu den Schülern um. In dem Moment erklingt die Schulglocke.

»Für heute ist der Schulunterricht beendet«, verkündet sie mit leiser Stimme. »Steht bitte auf und geht auf eure Gruppen!«

Die Schüler gehen alle mit gesenktem Kopf schweigend an der alten Frau vorbei aus dem Klassenzimmer. Sascha schaut im Schulflur hinter sich und blickt Stefan in das verweinte Gesicht.

3 Im Aufenthaltsraum spielen die Kinder an mehreren Tischen. Am Fenster stehen Sascha und Frank. Sascha blickt zu einem Tisch, an dem mehrere Kinder Karten spielen, und sieht die beiden Kinder, auf die Schwester Emanuela während des Frühstücks wild eingeschlagen hat. Eines der beiden Kinder hat eine rote Nase, unterhalb der Nase haftet geronnenes Blut, das andere Kind hat eine dicke angeschwollene Backe.

»Ich kann die beiden da am Tisch nicht verstehen«, sagt Sascha zu Frank und schaut ihn dabei an, »die spielen und lachen, als sei heute morgen nichts geschehen! Wie können die das einfach so wegstecken?«

»Es gibt einige unter uns«, erwidert Frank und grinst Sascha dabei an, »die die Prügel einfach so wegstecken!«

Fräulein Jung hält eine Schelle in der Hand und bewegt sie.

»Marsch, alle in den Speisesaal zum Mittagessen«, fordert sie im lauten Ton auf.

Die Kinder gehen gehorsam in den Speisesaal zu ihren Plätzen und bleiben vor den gedeckten Tischen stehen. Von den Tellern steigt der Geruch von Fischeintopf auf. Michael hält sich die Nase zu.

Schwester Emanuela und Schwester Sabine falten die Hände zum Gebet. Auch die Kinder falten ihre Hände. Schwester Emanuela überprüft durch einen gezielten Blick, ob auch wirklich alle die Hände zum Gebet gefaltet haben. Dann fängt sie an zu beten, und alle beten brav und gehorsam mit.

»Segne, Vater, unser Essen. Laß uns Neid und Haß vergessen, schenke uns ein fröhlich Herz. Leite du so Herz wie

Hände, führe du zum guten Ende unsre Freude, unsern Schmerz.«

Nach dem Gebet nehmen alle auf ihren Stühlen Platz. Michael schaut sich den Fischeintopf näher an. Der heiße Dampf steigt ihm in die Nase, und er hat das Gefühl, als würde sich sein Magen umdrehen.

»Ich mag keinen Fischeintopf«, flüstert Michael Sascha ins Ohr.

Schwester Emanuela, die ganz dicht hinter Michael und Sascha steht, bekommt dies mit.

»Wenn du nicht sofort deinen Fischeintopf ißt«, droht sie Michael, »werde ich persönlich dafür sorgen, daß du ihn ißt.«

Sascha und Michael zucken ängstlich zusammen. Schwester Sabine schaut mitleidig zu Michael.

Mit einem schnellen, geübten Griff greift Schwester Emanuela seine Nase und drückt den Kopf nach hinten. Sie hebt einen Löffel voll Fischsuppe in die Luft und führt diesen vor Michaels Augen. Michael, dem kotzübel ist, schaut direkt auf den Löffel. Den Mund hält er zu, doch da er keine Luft mehr bekommt, öffnet er ihn unfreiwillig. Schwester Emanuela reagiert blitzschnell und schiebt ihm den Löffel direkt in den Mund. Michael überkommt ein Gefühl des Erbrechens. Schwester Emanuela, die erst die Kinder am Tisch und dann Schwester Sabine anschaut, lächelt zufrieden und läßt seine Nase los.

»Wage ja nicht zu brechen«, droht sie ihm mit mahnender Stimme, »ich schlage dich krankenhausreif!«

Michael, dessen Hand zittert, nimmt einen Löffel Fischeintopf, führt diesen zum Mund und beobachtet dabei angstvoll Schwester Emanuela. Er verzerrt das Gesicht und öffnet den Mund. Den Löffel führt er in seinen offenen Mund und schluckt den Fischeintopf hinunter.

Stefan schiebt seinen bis zum Rand gefüllten Teller von sich und bewegt diesen dabei so unglücklich, daß der Fischeintopf überschwappt.

»Frank«, flüstert er stotternd, »der Fischeintopf stinkt! Ich mag den nicht essen! Ich würde ihn am liebsten in die Toilette schütten!«

Frank will ihm gerade antworten, als er die laute Stimme von Schwester Emanuela wahrnimmt, die die ›Sauerei‹ auf dem Tisch sieht.

»Stefan, steh auf und komm sofort mit mir!«

In Stefans Gesicht spiegeln sich schlagartig die inneren Ängste vor der allmächtigen alten Frau.

Die Blicke der anderen Kinder sind auf Stefan und Schwester Emanuela gerichtet.

Stefan fängt an zu zittern und versucht, etwas zu sagen, doch er bekommt kein Wort heraus. Er fängt an zu schwitzen, der Schweiß rinnt über seine Stirn. Schwester Emanuela hebt den Stuhl, auf dem Stefan sitzt, mit voller Wucht hoch. Stefan fällt vom Stuhl und gerät dabei mit seinem Kopf an die Tischkante. Laut schreit er auf. Schwester Sabine eilt zu Stefan und will ihm helfen aufzustehen, doch Schwester Emanuela schaut sie wütend an. Schwester Sabine weicht zurück.

»Du Stotterliese«, schreit Schwester Emanuela Stefan laut an, »was für eine Schweinerei hast du denn da gemacht! Du bist ein Versager!«

Stefan, der anfängt zu weinen, steht langsam auf und schaut Schwester Sabine verzweifelt an. Sie erwidert seinen Blick. Dann folgt Stefan Schwester Emanuela willenlos. Schwester Sabine kommen die Tränen, die sie mit einem Taschentuch wegwischt. Hilflos schaut sie Stefan und Schwester Emanuela hinterher.

Schwester Emanuela geht mit Stefan in ihr Schwesternzimmer und schließt die Tür ab. Sie nimmt ihren Rohrstock vom Nachttisch und schwingt ihn durch die Luft.

»Zieh sofort deine Hose aus«, fordert sie Stefan auf, während sie den Rohrstock vor seinem Gesicht hin und her bewegt.

Stefan zittert am ganzen Körper. Schwester Emanuela erkennt in seinem Kindergesicht die große Angst. Ihr altes, lebloses Gesicht erstrahlt plötzlich im Glanz ihrer Frömmigkeit. Stefan, dessen Hände zittern, zieht langsam die Hose aus.

»Die Unterhose sollst du auch ausziehen!«

Ihre Stimme wird für Stefan immer angstvoller und bedrohlicher.

Langsam zieht er, wie befohlen, gehorsam seine Unterhose aus. Stefan steht direkt vor ihr, und mit zittrigen Händen deckt er vor Scham und Angst seinen Penis ab.

Die alte Frau will mehr.

»Nimm die Pfoten da vorne weg, wird's bald!«

Total verstört und ängstlich nimmt Stefan seine Hände beiseite und fängt an zu weinen. Das Zittern seines gesamten Körpers nimmt zu. Schwester Emanuela begutachtet gierig Stefan, seinen kindlichen, knabenhaften und zierlichen Körper. Sie schaut auf seinen Penis. Ihr Gesicht färbt sich rot. Auf ihrer Stirn bildet sich Schweiß, und ihr Herz klopft hastig und schnell.

»Stefan« – in ihrer Stimme liegt ein Zittern, und sie atmet schwer – »zieh sofort deine ganzen Kleider, einschließlich deiner Strümpfe, aus, und leg dich mit dem Bauch auf mein Bett!«

Stefan zieht sich, ohne einen Hauch von Widerstand zu zeigen, ganz aus. Wie befohlen, legt er sich bäuchlings auf das Bett, schließt die Augen und beißt seine Zähne fest zusammen. Jeden Moment, denkt er, wird Schwester Emanuela mit dem Rohrstock auf ihn einschlagen.

Schwester Emanuela steht direkt hinter Stefan und kniet sich auf das Bett neben ihm nieder. Den Rohrstock legt sie auf den Nachttisch und schlägt mit der flachen Hand ganz leicht auf Stefans Rücken. Beim Po hält sie inne und fängt an, ihn zart zu streicheln. Stefan ist völlig irritiert, sein Körper verkrampft sich. Plötzlich vernimmt er bei der alten Frau ein Schnaufen und bald darauf ein leichtes Stöhnen. Schwester Emanuela streichelt mit ihren Händen seinen ganzen Körper.

»Leg dich auf den Rücken«, herrscht sie ihn dann an.

Ihre bebende und zugleich fordernde Stimme läßt ihn erneut erschauern.

Stefan setzt ihr plötzlich einen kleinen Widerstand entgegen und verweigert sich. Mit Tränen in den Augen schaut er sie angstvoll an. Ihr gerötetes und verschwitztes Gesicht verfinstert sich. Sie nimmt ihren Rohrstock in die Hand und schlägt mit diesem auf Stefans Po. Stefan krümmt sich vor Schmerz und stößt laute Schreie aus.

»Schweig! Du hast mir aufs Wort zu gehorchen«, schreit Schwester Emanuela ihn erbarmungslos und mit eiskalter Stimme an. »Wenn du nicht stillhältst, schlage ich dich solange mit dem Rohrstock, bis dein schöner Körper mit Striemen übersät ist! Leg dich sofort auf den Rücken!«

Die Androhung von weiteren Schlägen zeigt Wunder. Stefans innerer Widerstand ist gebrochen. Ihm ist kotzübel. Er dreht sich langsam um und sieht ihr dabei ins Gesicht. Schwester Emanuela streichelt mit ihren Fingern sein Gesicht, Hals, Bauch, Bauchnabel und Schenkel. Dann nimmt sie seinen Penis in die Hand und reibt an ihm.

Schwester Emanuela und Stefan kommen in den Speisesaal. Alle Kinderaugen, auch die Augen von Schwester Sabine, sind auf sie gerichtet. Stefan geht, den Kopf nach unten gesenkt, mit langsamen Schritten auf seinen Platz zu und setzt sich hin. Sascha schaut ihm mitfühlend ins Gesicht und sieht, daß seine Augen gerötet sind.

Die Kinder sind mit dem Essen fertig. Schwester Emanuela faltet die Hände zum Gebet, und alle folgen ihr.

»Herr und Vater, wir danken dir für dieses Mahl. Du hast uns heute neu gestärkt. Hilf uns in deiner Kraft, dir und unseren Mitmenschen zu dienen.«

Nach dem Gebet schreitet Schwester Emanuela mit dem Rohrstock in der Hand die Tische ab und fordert alle auf, sich zu erheben und für den Spaziergang fertigzumachen. Dann verläßt sie den Speisesaal.

»Was hat Schwester Emanuela mit dir gemacht?« fragt Sascha Stefan.

Stefan schaut ihn traurig an und sagt nichts; er hebt nur seine Arme. Er hat das große Bedürfnis, Sascha zu umarmen, doch da erscheint Schwester Emanuela.

»Stefan, was machst du da? In zehn Minuten steht ihr alle für den Spaziergang in Reih und Glied im Flur!«

Stefan schaut sie erschrocken an und wischt sich die Tränen aus dem Gesicht.

Die Kinder versammeln sich im Gruppenflur und stellen sich in einer langen Reihe Schulter an Schulter auf. Schwester Emanuela und Fräulein Jung erscheinen. Langsam schreitet Schwester Emanuela mit ernstem Blick die Reihe ab. Dabei prüft sie, ob alle Kinder die Jacke richtig anhaben und die Schnürsenkel zugezogen sind. Vor einem Kind, das vergessen hat, die Schnürsenkel zuzuziehen, bleibt sie stehen und schaut auf seine Schuhe. Das Kind erschrickt und sieht, wie sie ihren rechten Fuß erhebt und ihm fest auf beide Füße tritt. Das Kind schreit laut auf.

»Schweig, du Flegel!« faucht sie ihn an.

Der laute Schmerzensschrei des Kindes verstummt schlagartig, wie befohlen.

Auf ihren Befehl hin drehen sich die Kinder nach rechts um. Schwester Emanuela und Fräulein Jung gehen zum Ausgang, und die Kinder folgen ihnen durchs Treppenhaus. Auf dem Heimvorplatz stellen sie sich wieder Schulter an Schulter in einer langen Reihe auf. Schwester Emanuela schreitet mit ihrem Rohrstock die ganze Reihe ab. Bei einigen bleibt sie breitbeinig stehen und berührt ihre Schultern mit dem Rohrstock. Auch vor Stefan bleibt sie stehen, sieht, daß er einen Knopf seiner Jacke nicht zugemacht hat. Mit voller Wucht prallt der Rohrstock auf seine Schulter nieder. Stefan schreit vor Schmerz kurz auf und fällt leicht in sich zusammen.

»Nimm sofort Haltung an!« schreit Schwester Emanuela aus voller Kehle. Stefan geht in die alte Position zurück und steht kerzengerade und bewegungslos vor ihr.

»Ihr bildet jetzt wie immer Zweierreihen«, schreit die alte Frau laut im militärischen Ton.

Die Kinder gehorchen aufs Wort und kommen ihrem Befehl nach. Schwester Emanuela läuft zum Anfang der Kinderparade: »Marsch! Vorwärts!«

Die Kinder setzen sich in Bewegung.

Die Gruppe erreicht den Friedhof und kurz darauf den Waldweg. Die Kinder müssen mit Schwester Emanuela Schritt halten, egal, ob sie klein oder schon größer sind. Die alte Frau schreitet begeistert vorne weg. Fräulein Jung sorgt für den Gleichschritt und macht den Kleinen, die nicht Schritt halten können, auf ihre Art ›Beine‹. Mit einem Stock schlägt sie ihnen auf die Waden. Schwester Emanuela hält an einer Wiese mit vielen verschiedenen blühenden Bäumen, Blumen und Pflanzen an. Voller Begeisterung schart sie die Kinder um sich und weist mit ihren Händen auf die Schönheiten der Natur. Sascha schaut zu Stefan, der etwas abseits steht, und sieht, daß dessen Kopf auf den Boden gerichtet ist. Dann hebt Stefan den Kopf und blickt zum Himmel. Sascha sieht in seinem Gesicht Traurigkeit und Einsamkeit.

4 Auf der großen Bank im Gruppenflur sind nebeneinander in kleinen Stapeln je eine Garnitur Hose, Hemd, Pullover, Strümpfe und Unterwäsche aufgereiht. Die Kleidungsstücke sind numeriert wie die Handtücher, Bettwäsche, Schuhe, Mäntel, Jacken und Schränke. Auch die Kinder und ihr Leben sind dieser Durchnumerierung unterworfen. Sascha hat die Nummer Drei.

Schwester Emanuela befiehlt den Kindern, sich für das Duschen fertigzumachen und in einer langen Reihe aufzustellen. Die Kinder ziehen sich wie befohlen bis zur Unterhose aus. Mit einer Handbewegung fordert sie jeweils fünf Kinder auf, in den großen Dusch- und Toilettenraum zu gehen. Sascha und Stefan befinden sich in der ersten Fünfergruppe.

An den Duschen befinden sich keine Vorhänge. Schwester Emanuela und Fräulein Jung ziehen sich einen Waschlappen über eine Hand und drehen die Wasserhähne auf. Die Kinder sind voller Scham. Mit den Händen schützen sie ihren Penis vor den Augen von Schwester Emanuela und Fräulein Jung, aber auch vor den Blicken des jeweils anderen Kindes. Sie beobachten scheu, wie Schwester Emanuela und Fräulein Jung je einen von ihnen waschen, bis auf den Penis und den Po, da muß sich jeder selbst waschen.

Schwester Emanuela ist mit dem ersten Kind fertig und schaut zu Stefan. Mit einer Handbewegung fordert sie ihn auf, sich unter die Dusche zu stellen. Stefan, der mit seinen Händen seinen Penis verdeckt hält, schreckt auf und schaut sie ängstlich an. Schwester Emanuelas Gesicht verfinstert sich. Ihre Hand ist auf Stefan gerichtet; mit dem Zeigefinger fordert sie ihn auf, zu ihr zu kommen.

Stefan, dem Sascha seine Angst ansieht, geht mit gesenktem Kopf langsam auf sie zu und bleibt vor ihr stehen. Dann geht er an ihr vorbei und stellt sich unter die Dusche. Schwester Emanuela lächelt zufrieden. Ihre Finger spürt Stefan durch den Waschlappen hindurch im Gesicht, am Hals, auf dem Bauch, dem Rücken, den Beinen, dem Po und zwischen seinen Schenkeln. Ihn überkommt ein Ekelgefühl. Er hat eine Gänsehaut, beginnt zu weinen. Schwester Emanuela, die auf seinen Penis schaut, diesen aber nicht berührt, gibt ihm den Waschlappen und verläßt den Duschraum.

Fräulein Jung zeigt mit dem Finger auf Sascha. Mißtrauisch schaut Sascha zu ihr und stellt sich unter die Dusche. Fräulein Jungs Finger, die durch den Waschlappen verdeckt sind, berühren den Knabenkörper. Ihre Augen verfolgen jede Bewegung der eigenen Hand, die kreisförmig für mehrere Sekunden auf jedem Körperteil des Kindes ruht. Ihre Finger berühren durch den Waschlappen hindurch auch den Penis und Po. Sascha, der spürt, daß aus dem Waschen immer mehr ein Streicheln wird, schaut ihr völlig verstört und ängstlich in die Augen. Fräulein Jung, deren Gesicht rot anläuft, weicht seinem Blick aus.

Im Gruppenflur reinigt Schwester Emanuela mit Ohrenstäbchen die Ohren der Kinder. Sie winkt Sascha zu sich. Mit einem Stäbchen dringt sie in sein Ohr ein.

»Aua!« schreit Sascha laut auf. »Das tut weh!«

»Stell dich nicht so an!« ist Schwester Emanuelas Reaktion.

Sascha blickt auf die kleinen Kleiderhäufchen und erkennt durch die Ziffer Drei die für ihn bestimmten Baumwollkleider. Kleider aus Baumwolle kann er nicht ausstehen, sie jucken und kratzen auf seiner Haut.

Frank beobachtet Sascha und schaut ihn mitleidig an.

»Schwester Emanuela hat dir ganz bewußt kratzende Wollklamotten auf die Bank gelegt«, flüstert er ihm zu.

Sascha schüttelt nur den Kopf.

»Kann ich bitte andere Kleider bekommen«, fragt er Schwester Emanuela vorsichtig, »die da kratzen so sehr!«

»Du ziehst schön deine Kleider an. Die oder überhaupt keine«, schreit sie ihn an. »Du bekommst von mir solange Baumwollkleider, bis du dich nicht mehr an diesen störst! Von mir aus kannst du in Unterhose hier im Flur stehen bleiben!«

Sascha weigert sich, die Wollkleidung anzuziehen. In der Unterhose steht er, bei geöffnetem Fenster, im Gruppenflur und friert und zittert am ganzen Körper. Die Kinder schauen zu ihm hin und gehen an ihm vorbei in den Aufenthaltsraum. Schwester Emanuela, die bei ihm bleibt, lächelt und schlägt die Arme über ihrem Bauch zusammen. Nach einiger Zeit gibt Sascha auf und zieht mit großem Widerwillen langsam die Baumwollkleider an. Genüßlich schaut Schwester Emanuela auf ihn herab. Sascha geht, als habe er in die Hose gemacht, langsam und breitbeinig an ihr vorbei in den Aufenthaltsraum.

5 Im Aufenthaltsraum spielen die Schwestern mit den Kindern an den Tischen. An einem Tisch sitzt Schwester Sabine mit ein paar Kindern und spielt mit ihnen »Mensch-Ärgere-Dich-Nicht«. An einem anderen Tisch sitzen Kinder und spielen mit Schwester Emanuela Karten. Die Kindergesichter sind leblos, ohne Freude und ernst. Nur wenige Kinder geben hin und wieder einen Laut von sich. Keines bewegt sich mehr, als zum Spielen notwendig ist. Niemand will unangenehm auffallen.

An einem Tisch sitzen Sascha, Michael und Frank.

»Schwester Emanuela besteht darauf, daß wir jeden Samstag zur Beichte gehen«, flüstert Michael Sascha zu, »erst wenn wir alles gebeichtet haben, dürfen wir vor Gott treten.«

»Willst du damit sagen«, fragt ihn Sascha völlig entsetzt, »daß Schwester Emanuela uns zur Beichte zwingt, notfalls mit Gewalt, mit Prügel?«

»Du hast richtig verstanden! Und wir müssen alles beichten, wirklich alles!« antwortet ihm Michael.

»Ich will dem Herrn Müller aber nicht meine geheimsten Wünsche und Träume beichten!« erwidert Sascha und schaut ihn dabei an. »Ich will ihm nicht die Wahrheit sagen!«

»Mußt du auch nicht. Du kannst ihm ja statt dessen Phantasie-Geschichten erzählen, das mach' ich auch so. Es muß nur glaubhaft wirken. Und ein paar Zugeständnisse, daß man frech war, sollte man machen, sonst wirkt alles unglaubhaft. Der Herr Müller, unser Priester und Beichtvater, erzählt sowieso alles, was wir gebeichtet haben, den Schwestern weiter.«

Stefan, der am Tisch von Schwester Emanuela sitzt und dort mitspielt, lacht plötzlich laut auf und schreit stotternd.

»Ich habe gewonnen! Ich bin der Sieger!«

»Wenn du nicht sofort aufhörst zu schreien«, schreit Schwester Emanuela ihn wütend an, »bekommst du von mir eine Ohrfeige!«

Stefan zuckt in sich zusammen. Aus seinem lachenden Kindergesicht wird schlagartig wieder ein ernstes, lebloses Gesicht. Stefan sitzt stumm und bewegungslos da. Den Mund weit offen, schaut er Schwester Emanuela, deren Gesicht rot anläuft, an. Sein Körper ist vor Angst angespannt, dann fängt er an zu zittern.

Schwester Emanuela steht vom Tisch auf. Die Kinder schauen ängstlich zu ihr hoch. Niemand bewegt sich, alle scheinen die Sprache verloren zu haben. Einige haben den Mund weit offen, ohne ihn zu bewegen.

»Ich darf euch daran erinnern, daß heute Beichttag ist. Ich brauche sicherlich nicht zu erwähnen, daß ihr alle Herrn Müller nur die Wahrheit, nichts als die reine Wahrheit zu beichten habt«, ruft sie laut durch den Saal.

Sie schaut aggressiv zu dem Tisch, wo Sascha, Frank und Michael sitzen und eben noch lachend Karten spielten.

»Nur wenn ihr *alles* beichtet«, brüllt sie, und ihre Stimme ist voller Wut, »auch das Böse und eure schlimmen und widerlichen Gedanken und Träume, werden eure Herzen wieder weiß und rein sein. Wenn ihr ihm etwas verschweigt oder gar anlügt, wird euer Herz immer finsterer und schwärzer werden! Der Weg in die Hölle ist dann vorprogrammiert!«

Dann geht sie auf Sascha zu und klärt ihn über die Verhaltensregeln der Beichte auf.

6 Schwester Emanuela geht in der Kirche den Mittelgang entlang, gefolgt von »ihren« Kindern. Sie bleibt in der Mitte stehen und schaut zurück. Mit einem Handzeichen befiehlt sie den Kindern, auf den Bänken Platz zu nehmen. Die Kinder bekreuzigen sich. Sie blicken über den Altar hinweg und sehen das riesengroße Kreuz mit dem Leichnam Jesu. Unterhalb des Kreuzes hängt der große Teppich, auf dem eine Kirche, spielende Kinder, ein paar Esel und Jesus, der ein kleines Kind auf dem Schoß hat und es streichelt, abgebildet sind. Am unteren Ende befindet sich der Spruch: »Lasset die Kinder zu mir kommen, denn ihnen gehört das Himmelreich.«

Stefan, der ängstlich und verunsichert auf das Kreuz schaut, faltet seine Hände und schließt die Augen.

Die Tür der Sakristei öffnet sich, und zum Vorschein kommt Herr Müller. Der Priester und Beichtvater mustert die Kinder und fordert Frank durch ein Kopfnicken auf, den Beichtstuhl zu betreten. Frank geht zum Beichtstuhl, öffnet die Tür, tritt ein und kniet sich auf der Kniebank nieder. Der Beichtstuhl ist fast dunkel und wird durch ein dunkles rotes Licht etwas erhellt. Frank schaut sich um und sieht, daß die Wände, die Decke und auch die Kniebank mit einem roten Samtstoff ausgestattet sind. Er schaut durch das Holzgitter hindurch und erkennt das Gesicht des Beichtvaters nur schemenhaft. Die Stille, die durch das schwere Atmen des Beichtvaters immer wieder unterbrochen wird, ängstigt Frank.

»Sei gegrüßt, mein Sohn!« unterbricht der Beichtvater die Stille.

»Im Namen des Vaters und des Sohnes und des Heiligen Geistes. Amen!« flüstert Frank durch das Holzgitter und bekreuzigt sich.

»Gott, der unser Herz erleuchtet, schenke dir wahre Erkenntnis deiner Sünden und seiner Barmherzigkeit«, erwidert der Beichtvater in frommem Ton.

»Amen!« antwortet ihm Frank.

Plötzlich spricht der Beichtvater im Eiltempo, mit strenger Stimme.

»Gestohlen – genascht – unschamhafte Reden – unanständige Gedanken – böse Träume und Wünsche – onaniert ...«

Frank antwortet ihm nicht.

Der Beichtvater wird ungeduldig.

»Mein Junge, was hast du mir zu beichten? Du brauchst keine Angst zu haben. Du weißt: Du mußt mir alles, aber auch alles sagen!«

Frank gibt keinen Ton von sich. Der Beichtvater fängt von vorne an.

»Gestohlen – genascht – unschamhafte Reden – unanständige Gedanken – böse Träume und Wünsche – onaniert ...«

Es herrscht plötzlich eine furchtbare Stille. Frank zittert am ganzen Körper, sein Herz klopft rasend schnell, und er fängt an zu schwitzen. Durch das Holzgitter hindurch beobachtet er das nur schemenhaft erkennbare Gesicht des Priesters.

»Herr Müller«, antwortet er mit ängstlicher, zitternder Stimme, »ich habe nichts zu beichten. Ich war zu den Schwestern und der Erzieherin nicht böse, auch nicht zu anderen Jungen.«

Während der Gottesmann das Kind Frank im Namen Gottes laut anklagt, verstehen die Kinder und Schwester Emanuela jedes Wort seiner Anklage.

»Du Lügner, du Heuchler, du wagst es, Gott zu belügen und zu entehren?! Wenn du nicht sofort beichtest und die Wahrheit sagst –«

Zwei Kinder schauen sich ängstlich an. Eines der beiden Kinder drückt seine Hände fest zusammen, das andere Kind kaut an den Fingernägeln. Schwester Emanuela spitzt die Ohren und schaut überkonzentriert auf die Beichtstühle.

»Du kannst mir alles gestehen«, fährt der Beichtvater im lauten Ton fort, »Schwester Emanuela hat mir da einiges bereits berichtet!«

Schwester Emanuela bekreuzigt sich, während sie die Luft anhält. Ihr Gesicht verfärbt sich rötlich. Einige Kinder blicken fassungslos und sprachlos zu ihr. Die alte Frau bemerkt, daß die Kinderaugen auf sie gerichtet sind und schaut schnell in eine andere Richtung.

Frank spürt große Angst.

»Aber Herr Müller, ich habe nichts zu beichten!«

»Schweig!« erwidert der Beichtvater laut schreiend, »ich werde Schwester Emanuela hierüber aufklären! Verlasse sofort auf der Stelle das Gotteshaus. Vor Gott wirst du dich verantworten müssen. Gott weiß alles, Gott kannst du nicht belügen! Du hast Gott entehrt. Doch bevor du das Gotteshaus verläßt, betest du hundertmal das Ave-Maria.«

Unter Tränen verläßt Frank den Beichtstuhl und schaut zu Sascha. Auf einer leeren Bank vor den anderen Kindern nimmt er Platz. Frank faltet die Hände zum Gebet und spricht leise das ›*Ave-Maria*‹. Während Frank betet, schaut er zu Sascha, der den Blick erwidert. Neben Sascha sitzt die betende Schwester Emanuela. Frank fühlt, daß er von ihr beobachtet wird und blickt in ihr mißtrauisches Gesicht.

Der Beichtvater kommt aus seiner Kabine, schaut zu Sascha und nickt ihm zu. Sascha geht langsam auf den Beichtstuhl zu, öffnet die Tür und kniet sich im Beichtstuhl auf der Kniebank nieder. Es herrscht eine Stille, die furchterregend ist. Sascha schaut durch das Holzgitterfenster und erkennt nur schemenhaft das Gesicht des Beichtvaters. Plötzlich hört er dessen Stimme.

»Sei gegrüßt, mein Sohn!«

»Im Namen des Vaters und des Sohnes und des Heiligen Geistes. Amen!« erwidert Sascha voller Ehrfurcht vor dem Priester und Beichtvater und bekreuzigt sich.

»Gott, der unser Herz erleuchtet, schenke dir wahre Erkenntnis deiner Sünden und seiner Barmherzigkeit«, flüstert der Gottesmann ihm durch das Holzgitter hindurch zu.

»Amen!« antwortet Sascha.

Der Beichtvater fragt auch ihn im hektischen, schnellen Tonfall:

»Gestohlen – genascht – unschamhafte Reden – unanständige Gedanken – böse Träume und Wünsche – onaniert ...«

Sascha gibt keinen Ton von sich. Er kann nicht erkennen, daß sich das Gesicht des Beichtvaters verfinstert hat, der mit aggressiver Stimme von vorne anfängt.

»Gestohlen – genascht – unschamhafte Reden – unanständige Gedanken – böse Träume und Wünsche – onaniert ...«

Sascha fängt an zu zittern. Schweiß bildet sich auf seinem Gesicht. Er schweigt.

Saschas Schweigen wird von dem Beichtvater unterbrochen.

»Warum schweigst du vor mir und Gott? Mein Junge, hast du mir wirklich nichts zu beichten?«

Sascha hat das Gefühl, als würde sich sein Kehlkopf zuschnüren. Vergeblich versucht er, irgend etwas zu sagen.

Doch dann kommt es aus ihm bruchstückhaft heraus.

»Ich war ... ungehorsam zu Schwester Emanuela und habe sie ... belogen. Ich habe andere Kinder ... gehänselt. Ich habe mich während des Essens mit einem anderen Jungen unterhalten ... Ich bereue, daß ich Böses getan habe. Ich will mich bessern! O Herr, erbarme dich meiner!«

Sascha wartet auf eine Reaktion, doch der Gottesmann schweigt. Die Stille ist nur von kurzer Dauer, denn plötzlich vernimmt Sascha die Stimme des Beichtvaters.

»Gott, der barmherzige Vater, hat durch den Tod und die Auferstehung seines Sohnes die Welt mit sich versöhnt und den Heiligen Geist gesandt zur Vergebung der Sünden. Durch den Dienst der Kirche schenke er dir Verzeihung und Frieden«, flüstert er in väterlichem und bewegendem Ton.

Er hält einen Moment inne, bevor er in flüsterndem Ton weiterspricht.

»Mein Sohn, du hast schwer gesündigt. Bete zwanzigmal das ›*Ave-Maria*‹, damit Gott dir auch wirklich vergeben kann! Und er wird dir vergeben, doch du mußt in Zukunft der Schwester gegenüber gehorsam und willig sein! So spreche ich dich los von deinen Sünden.«

Während der Beichtvater weiterspricht, bekreuzigt er sich.

»Im Namen des Vaters und des Sohnes und des Heiligen Geistes.«

»Amen!« antwortet Sascha.

»Dank dem Herrn, denn er ist gütig!« flüstert ihm der Gottesmann durch das Holzgitter hindurch zu.

»Sein Erbarmen währt ewig!« erwidert Sascha voller Ehrfurcht.

»Der Herr hat dir die Sünden vergeben! Geh hin in Frieden!« antwortet der Beichtvater zufrieden.

Sascha verläßt den Beichtstuhl und bemerkt Schwester Emanuela, die direkt neben der Tür steht. Mit einer Handbewegung gibt sie ihm zu verstehen, daß er auf einer leeren Bank vor Frank Platz nehmen soll. Sascha schaut zu Frank, der immer noch mit gefalteten Händen betet. Langsam geht er zu der Bank, kniet sich dort nieder, faltet die Hände und betet leise.

Der Beichtvater öffnet die Tür seiner Kabine und schaut zu Stefan. Auch ihn fordert er mit einer Handbewegung auf, in den Beichtstuhl zu kommen. Stefans Augen suchen Schwester Emanuela, die immer noch an der Beichtkabinentür steht und den Beichtvater kurz anlächelt. Stefans und Schwester Emanuelas Blicke treffen sich. Die alte Frau schreckt auf, und ihr Gesicht erstarrt. Ihre Gesichtsfarbe ändert sich und geht ins Rötliche über. Sie fängt an zu schwitzen, auf ihrer Stirn bilden sich Schweißtropfen. Stefans Gesicht ist leblos und von großer Traurigkeit und Hoffnungslosigkeit. Stefans Blick wendet sich von der Schwester ab zu dem Gottesmann, dem er hilflos ins Gesicht schaut. Der Beichtvater sieht zur Seite und betritt seine Kabine.

Stefan geht in den Beichtstuhl und kniet sich nieder. Die Stille wird durch den Beichtvater beendet.

»Sei gegrüßt, mein Sohn!«

»Im Namen des Vaters und des Sohnes und des Heiligen Geistes. Amen!« stottert Stefan, während er sich bekreuzigt.

»Gott, der unser Herz erleuchtet, schenke dir wahre Erkenntnis deiner Sünden und seiner Barmherzigkeit«, erwidert der Beichtvater flüsternd.

»Amen!« antwortet ihm Stefan stotternd.

»Mein Junge, hast du gestohlen, unschamhafte Gespräche mit anderen Jungs geführt? Hast du unanständige Gedanken, böse Träume und Wünsche in dir hochkommen lassen? Hast du alleine oder mit anderen onaniert?« fragt ihn der Beichtvater einfühlsam.

Stefan schreckt auf und fängt an zu weinen.

»Mein Sohn, warum weinst du?«

Stefan, der auf die Frage nicht reagiert, erinnert sich an den Tag zurück, an dem er von Schwester Emanuela in ihrem

Zimmer sexuell mißbraucht wurde. Ihn überkommt plötzlich eine Gänsehaut; er spürt, wie aus allen Poren seines Körpers der Schweiß heraustritt; sein Herz klopft rasend schnell, und er hat das Gefühl, als würde es jeden Moment aus seinem Körper heraustreten. Stefan bekommt einen Weinkrampf.

»Mein Sohn, antworte mir: warum weinst du?« fragt ihn der Gottesmann mitleidsvoll.

Stefan antwortet ihm nicht.

»Mein Sohn, antworte mir: warum weinst du?«

Stefan bleibt stumm. Er schaut zu der Lampe und schließt die Augen. Plötzlich herrscht eine gottesfürchtige Stille, die durch Orgelmusik beendet wird.

Schwester Berta sitzt an der Kirchenorgel und blickt hinunter. Dann richtet sie ihren Blick zu einem offenen Fenster und schaut hinaus. Während sie leidenschaftlich spielt, werden ihre Körperbewegungen immer heftiger. Ihre Finger bewegen sich auf den Tasten immer schneller. Die Orgelmusik wird in der Tonlage immer lauter und aggressiver. Die Kinder, die von der Orgelmusik tief bewegt sind, sitzen mit gefalteten Händen bewegungslos auf den Bänken. Manche schauen zum Altar, andere haben die Augen geschlossen. Schwester Emanuela steht immer noch neben der Beichtkabinentür. Mit einem Taschentuch wischt sie sich den Schweiß von der Stirn. Mit einem bösen Blick schaut sie zu Schwester Berta.

Stefan öffnet die Tür des Beichtstuhls und blickt, mit Tränen in den Augen, der Schwester Emanuela direkt ins Gesicht. Stumm geht er mit gesenktem Kopf an ihr vorbei. Bevor er die heilige Stätte verläßt, dreht er sich noch einmal zur Schwester Emanuela um.

7 Stefan, der sich alleine im Speisesaal aufhält, steht am Fenster vor dem Vogelkäfig und beobachtet den Vogel. Plötzlich öffnet er die Gittertür, greift nach dem Vogel, der vergeblich flattert, und holt ihn aus dem Käfig. Stefans Gesicht verfinstert sich zunächst, doch dann fängt er an zu grinsen.

»Mein lieber Vogel«, stottert er, »deine Zeit ist abgelaufen!«

Mit einer Hand greift er nach dem Hals des Tieres, das sich verzweifelt versucht zu wehren. Mit seinen Fingern drückt Stefan den Hals so lange zu, bis der Vogel sich nicht mehr bewegt und keinen Ton mehr von sich gibt. Dann legt er den toten Vogel in den Käfig zurück und verläßt schnell den Speisesaal.

Nach einiger Zeit geht Schwester Emanuela in den Speisesaal und blickt auf den Vogelkäfig. Als würde sie etwas Schlimmes ahnen, geht sie mit schnellen Schritten auf den Vogelkäfig zu. Sie blickt in den Käfig und schreit laut auf. In der ganzen Gruppe ist ihr Schrei zu hören. Die Kinder kommen angerannt und schauen auf die schreiende alte Frau.

»Wer hat meinen Vogel bestialisch umgebracht? Wer war das?« brüllt sie aus voller Kehle.

Plötzlich ist es für einige Sekunden mäuschenstill. Schwester Emanuela schaut mit aggressivem Blick den Kindern einzeln ins Gesicht. Die Kindergesichter sind schlagartig todernst und wie versteinert. Und Stefan spürt ihren tiefbohrenden, kalten Blick.

Die angstbeladene und erdrückende Stille wird durch einen erneuten Aufschrei der Schwester Emanuela, der die

Kinder für einen kurzen Moment zum Zittern bringt, beendet.

»Ich will auf der Stelle wissen, wer meinen Vogel so grausam getötet hat!«

Kein Kind rührt sich von der Stelle. Kinder, die den Mund weit aufhaben, halten ihn vor Angst weiter offen. Niemand bringt auch nur ein einziges Wort über die Lippen.

Schwester Emanuela ist kurz davor, durchzudrehen.

»Solange sich der Täter nicht zu erkennen gibt«, schreit sie durch den Saal, »haben alle darunter zu leiden: Es gibt weder Fernsehen noch Kuchen oder Nachtisch. Das habt ihr davon!«

Schwester Emanuela geht auf Frank zu und schaut mit einem verachtenden Blick auf ihn herab.

»Frank«, befiehlt sie ihm in strengem, rüdem Ton, »du kommst sofort mit mir!«

Sascha schaut Frank an.

»Egal was jetzt passiert«, flüstert Sascha ihm zu, »ich bin in meinen Gedanken und Gefühlen bei dir!«

Frank kommen Tränen der Rührung und der Angst. Er geht auf Schwester Emanuela zu und fängt an zu zittern. Die Kinder blicken angstvoll auf die alte Frau und erkennen einen Teil ihres Rohrstocks, der aus dem Ärmelinnern ihrer Schwesterntracht hervorschaut.

Schwester Emanuela greift Frank am Arm und zieht ihn hinter sich her. Vor Angst würde Frank am liebsten laut aufschreien, doch er schweigt.

Schwester Emanuela geht mit Frank im Treppenhaus die Stufen hinauf zum obersten Geschoß, wo sich die Dachkammer befindet. Aus ihrer Tasche holt sie einen Schlüssel und schließt eine Tür auf. Dann greift sie mit ihren Händen seinen Hals und zerrt ihn in die Dachkammer. Frank wehrt sich nicht. Er bleibt vor Angst wie angewurzelt stehen.

Frank schaut sich um und nimmt eine Matratze und einen Stuhl wahr. Am Fenster sieht er ein Gitter und an der Wand ein altes, mit Spinnweben überzogenes Kreuz.

Schwester Emanuela schließt hinter sich die Tür. Mit einem aggressiven Blick geht sie auf ihn zu. Frank schreckt auf, weicht ihr aus und starrt sie mit bewegungslosen Augen an.

»Zieh sofort deine Hose und Unterhose aus«, fordert sie ihn mahnend auf, »und leg dich über den Stuhl!«

Ein Zittern durchfährt Franks Körper, und er fängt an zu weinen. Ohne einen Hauch von Widerstand zu zeigen, zieht er Hose und Unterhose aus. Er legt sich über den Stuhl und sieht von unten her langsam zur Schwester Emanuela auf. Ihre Blicke treffen sich. Frank erkennt in ihren Augen Wut, Haß, aber auch Hilflosigkeit. Schwester Emanuela holt den Rohrstock aus ihrem Ärmel und hält diesen hoch. Frank schaut wieder zum Boden und schließt die Augen. Seine Tränen, die sich ihren Weg unter die Augenlider hindurch bahnen, kullern auf den Boden. Frank beißt vor Angst die Zähne fest zusammen.

»Herr Müller hat mir berichtet, daß du ihm und Gott die Beichte verweigert hast«, schreit Schwester Emanuela ihn laut an, während sie zum ersten Schlag ausholt.

Der Rohrstock prallt mit voller Wucht auf Franks Po nieder. Franks Körper zuckt zusammen, sein Gesicht verzerrt sich vor Schmerz, und er stößt laute Schmerzensschreie aus.

»Du bist ein Gottloser, ein Satansbraten. Du hast hier auf Erden nur Prügel verdient!« schreit sie weiter, während sie den Rohrstock mit voller Wucht wieder auf Franks nackten Po niedergehen läßt. Franks Schmerzensschreie nehmen an Lautstärke zu. Sein Gesicht verzerrt sich erneut vor

Schmerz. Schwester Emanuela schaut auf Franks Po und sieht die durch die Schläge verursachten roten Striemen. Ihr Gesichtsausdruck ist leblos, gefühlskalt und versteinert. Sie schlägt noch viermal zu. Und Frank, dessen Schmerzen mit jedem Schlag an Intensität zunehmen, schreit noch lauter auf. Schwester Emanuela bekommt plötzlich einen Schreck, denn sie bemerkt, daß Franks Po blutet.

Die alte Frau steht breitbeinig ohne Gefühlsregung vor dem Kind und schaut es von oben herab mit starrem Blick an. Frank schaut zu ihr hoch und kann es nicht fassen: Schwester Emanuela nimmt das auf ihrer Brust an einer Kette hängende Kreuz in die Hände und faltet sie. Ihr starrer Gesichtsausdruck nimmt plötzlich menschliche Züge an. Sie schließt die Augen, fängt leise an zu beten, öffnet sie wieder und geht zur Tür. Bevor sie die Tür aufschließt, schaut sie auf Frank nieder. Ohne ein Wort zu sagen, verläßt sie die Dachkammer und schließt hinter sich die Tür ab. Frank hört, wie sich der Schlüssel im Schloß dreht. Verzweifelt versucht er, vom Stuhl aufzustehen, doch er schafft es nicht. Noch einmal versucht er es und fällt dabei hinunter. Hilflos liegt er auf dem Boden, schließt die Augen und schläft ein.

8 Die heilige Stätte Gottes, die Kirche, ist ein schöner Ort. Die Gemäuer und Decken der Kirche Gottes sind mit schönen Malereien verziert. Die großen bunten Fenster, die am Tage das Tageslicht in vielen lebendigen Farben in das Kircheninnere einlassen, erzeugen durch die Vielfalt der Farbenpracht bei den Kindern immer wieder neu die Atmosphäre einer heilen, friedvollen Welt. Einer romantischen, liebevollen Welt, von der die Kinder oft träumen, obwohl sie immer wieder schmerzlich erfahren müssen, daß es diese Welt nicht geben kann. Diese unerreichbaren Träume brauchen sie wie der Teufel das Weihwasser, denn ohne eine Traumwelt haben sie kaum eine Chance zu überleben.

Die Kirche Gottes scheint ein Ort zu sein, wo die Kinder keine Angst haben müssen und wenigstens für eine kurze, begrenzte Zeit Ruhe finden. Hier im Gotteshaus, wo die Kinder dem lieben Gott so nahe sind, durchleben sie hin und wieder das von ihnen immer wieder künstlich erzeugte Gefühl der Geborgenheit und Wärme, die alle zum Leben brauchen.

Heute findet hier ein Gottesdienst statt. Die Kindergruppen sitzen, vom Altar aus gesehen, auf den Bänken immer nach Geschlecht getrennt. Rechts die Mädchen, links die Jungen. Gruppe für Gruppe. Die Gruppenschwestern sitzen am Anfang des Mittelgangs. Weiter hinten sitzen, in drei Bankreihen, auf jeder Seite nur Schwestern mit ihrem Schleier und in schwarzer Tracht. Hinter ihnen sitzen die alten und gebrechlichen Heimbewohner, die Kindheit, Jugend und Erwachsensein hier im *Heim der traurigen Kinder* verlebt haben und nur noch auf einen durch Gottes Hände vollzogenen Gnadentod warten.

Und die Dorfbewohner.

Die Kirchenbesucher singen laut und deutlich ein Lied:

»Sei gegrüßt, o Königin, Mutter der Barmherzigkeit . . .«

Nach dem Lied herrscht eine für die Kinder beängstigende und furchterregende Stille.

Sascha schaut immer wieder mal neugierig zu den Mädchen. Er weiß, daß es gefährlich ist, dort hinzusehen. Doch es ist die einzige Möglichkeit neben der Schule, ein Mädchen zu sehen. Sascha spürt plötzlich eine große Hand auf seinem Kopf und schreit auf. Vorne am Altar schreckt auch der Priester auf und blickt direkt zu Sascha und Schwester Emanuela. Sascha dreht sich um und sieht direkt in das Gesicht dieser alten, frommen Frau. Sein Körper erstarrt vor Angst und fängt an zu zittern. Angstschweiß fließt aus allen Poren seines Gesichtes.

Schwester Emanuela schaut Sascha wütend ins Gesicht, während ihr Gesicht rötlich anläuft.

Einige Reihen vor Sascha schaut ein Junge ebenfalls zu den Mädchen hinüber. Die Schwester hinter ihm bemerkt das, sie erhebt ihre Hand und verpaßt ihm eine Ohrfeige. Der Junge schreit kurz auf. Vorne am Altar nimmt der Priester den Aufschrei wahr, doch er rührt sich nicht von der Stelle. Auch seine Stimme erhebt keinen Protest. In lautem, eindringlichem und mahnendem Ton, den Blick auf die Kinder gerichtet, beginnt er seine Predigt und preist in ihr den allmächtigen Gott im Himmel – und den Teufel in der Hölle.

»Gott ist allmächtig und alleinherrschend. Betet alle zu Gott, dem Vater im Himmel weit über den Wolken, zu dem Herrscher des großen Reiches, der über unser aller Leben entscheidet. Der uns zu sich heraufholt in den Himmel oder uns verstößt in die Hölle!«

Die Kinder hören seiner Predigt mit einer gottgewollten Ehrerbietung zu; beim Wort ›Hölle‹ zucken sie vor Angst zusammen. Sie fühlen sich durch den Priester genauso bedroht wie von den frommen Schwestern, die immer wieder mit dem Teufel und der Hölle drohen.

Der Priester fährt mit seiner Predigt fort, während er mit seinen leblosen und frommen Augen weiter auf die Kinder blickt.

»Zum Teufel in die Hölle, wo sich alle wiederfinden, die dem lieben Gott nicht vertraut und ihn nicht als Herrscher anerkannt haben. Als Herrscher des Himmels und der Erde.«

Hier in der Kirche Gottes hat die durch die heilige Predigt erzeugte Angst die Kinder wieder eingeholt. Die Angst, von der sie glaubten und hofften, sie würde nicht bis in die heilige Stätte, der Kirche Gottes, vordringen können. Die Angst, die sie Tag und Nacht verfolgt, egal, ob sie wach sind oder schlafen. Die Angst, ihr ständiger Wegbegleiter. Die Angst ist plötzlich leibhaftig da und frißt sich weiter tief in ihre Kinderseelen hinein.

Der Priester hält einen mit Edelsteinen bestückten goldenen Weinkelch, gefüllt mit Wein, mit beiden Händen festumklammert in der Luft. Den Kelch führt er zum Mund und trinkt aus ihm. Dann schaut er in die Menschenmenge und macht eine Kniebeuge. Ein Meßdiener überreicht dem Priester den Weihrauchkessel. Der heilige Mann segnet den Altar, die Hostien, den Wein und macht dann einen Schwenk und segnet die Kirchenbesucher. Der Gottesmann gibt den Weihrauchkessel dem Meßdiener und nimmt eine große Hostie aus dem goldenem Pokal, der auch mit Edelsteinen geschmückt ist. Die Hostie hält er hoch, während ein Meßdiener eine Schelle in der Hand hält und diese hin- und herbewegt. Die Köpfe der Kirchenbesucher erheben sich, und alle Blicke folgen der Hostie in der Hand des Priesters. Und der Meßdiener schwenkt voller Ehrerbietung den Weihrauchkessel.

Dann tritt der Priester nach vorne. Die älteren Kinder und Jugendlichen gehen zuerst zum Altar, gefolgt von den Schwestern, den erwachsenen Heimbewohnern und den Dorfbewohnern. Die kleinen Kinder, die noch nicht zur Kommunion dürfen, bleiben artig auf den Bänken sitzen und falten ihre Hände. Jeder, der die heilige und gottgesegnete Hostie empfangen hat, geht auf seinen Platz zurück.

Nach der Zeremonie stehen die Kirchenbesucher auf und falten die Hände. Sascha riskiert noch einmal einen Blick auf die gegenüberliegende Bankreihe. Er schaut in die gottesfürchtigen Kindergesichter, auf ihre gefalteten Hände. Dann schaut er von ihnen weg zu Schwester Sabine, die von ihrem Platz aufsteht und die Kirche über den Mittelgang verläßt. Sein Blick fällt auf Schwester Emanuela, und er nimmt wahr, daß sie ihrer Mitschwester verächtlich hinterherschaut. Dann stimmt der Priester ein Gebet an, und alle beten mit.

Zum Schluß erklingt Orgelmusik, und die Kirchenbesucher fangen an zu singen. Sascha schaut zur Schwester Berta hoch und sieht an ihren heftigen Bewegungen, daß sie mit Leib und Seele voll in der Orgelmusik aufgeht. Für diese alte, liebenswerte Schwester scheint die Kirchenorgel der einzige Lebensinhalt zu sein.

Plötzlich geht ein lauter Knall wie ein Echo durch die Kirche. Ein Kind ist durch den Geruch des Weihrauchs bewußtlos zu Boden gefallen. Alle Augen schauen dorthin. Unbeeindruckt von dem Geschehen betätigt Schwester Berta die Tasten der Orgel, und alle singen weiter mit. Schwester Emanuela und eine Mitschwester eilen von ihren Plätzen aus zu dem gefallenen Kind. Beide versuchen, das Kind durch ein Schütteln aus der Ohnmacht zurückzuholen, doch ohne Erfolg. Sie heben das Kind auf und tragen es über den Mittelgang aus der Kirche.

9 Frank, den Schwester Emanuela nach der Prügelorgie auf der Dachkammer eingeschlossen hat, liegt, während die Kirchenbesucher andächtig dem Gottesdienst beiwohnen, immer noch auf dem Boden der Dachkammer und wacht auf. Er schaut auf das alte, verstaubte und mit Spinnenweben überzogene Kreuz. Dann schläft er wieder ein und versinkt in einen Traum.

Frank liegt bäuchlings auf dem Altar der Kirche. An der Kirchenorgel sitzt Schwester Berta, ihre alten, zittrigen Hände berühren mit großer Leidenschaft die Tasten. Die alte Frau spielt eine traurige Musik. Frank erhebt seinen Kopf und sieht das große Kreuz vorne im Kirchenschiff. Plötzlich schreit er laut auf, denn am Kreuz ist nicht die Jesusfigur an Händen und Füßen gekreuzigt, sondern Schwester Emanuela in ihrer schwarzen Schwesterntracht und ihrem schwarzen Schleier. Ihr Kopf hängt seitlich herunter. Um den Hals trägt sie die Kette mit dem Kreuz. Ihre gesamte vordere Tracht ist unterhalb ihrer rechten Brust mit Blut verschmiert, das auf den Boden hinuntertröpfelt.

Die fromme Frau blickt Frank an, und ihr Gesicht ist leichenblaß. An ihrem Gesichtsausdruck erkennt Frank, daß sie lebt und große Schmerzen und Qualen aushalten muß.

Frank hält sich plötzlich die Ohren zu, denn Schwester Emanuela ruft aus voller Kehle:

»Mein Gott, mein Gott, warum hast du mich verlassen?«

Frank zittert am ganzen Körper, Angstschweiß rinnt über sein Gesicht, und er schreit laut auf.

Frank wacht, laut schreiend, schweißgebadet und am ganzen Körper zitternd, auf und öffnet seine Augen. Am Hintern spürt er einen stechenden Schmerz. Dort kann er mehrere Striemen erkennen. Langsam steht er auf und bewegt sich zur Mitte der Dachkammer. Während er die Hose und die Unterhose nimmt und sich anzieht, blickt er zu dem mit Spinnenweben überzogenem Kreuz. An der Tür vernimmt er plötzlich ein Geräusch und sieht, wie sie aufgeht. Im Türrahmen steht Schwester Sabine und geht in schnellen Schritten auf ihn zu. Frank umklammert sie und drückt sich ganz fest an ihren Körper. Schwester Sabine blickt ihm ins Gesicht und in die leicht geröteten Augen. Sie sieht Tränen und Schweiß über das Gesicht kullern. Mit einer Hand streichelt sie über Franks Haar, und mit der anderen wischt sie ihm mit einem Taschentuch die Tränen und den Schweiß aus dem Gesicht.

»Ich habe Angst vor Schwester Emanuela«, schluchzt er, »sie hat mich mit dem Rohrstock verprügelt und hier eingesperrt. Ich hasse sie.«

Schwester Sabine schaut ihn an, und ihre Augen füllen sich mit Tränen.

»Frank, ich weiß, wie du dich fühlst! Ich kann dir nicht helfen, ich fühle mich selbst so alleine und hilflos. Ich kann dir nur eins versprechen: Schwester Emanuela wird sich eines Tages vor dem ›Jüngsten Gericht‹ und vor Gott für alles verantworten müssen . . .«

Frank unterbricht sie.

»Wenn es Gott wirklich gibt, warum bestraft er sie nicht jetzt? Warum läßt Gott es zu, daß Schwester Emanuela uns immer und immer wieder so weh tut?«

Schwester Sabine schweigt einen Moment, bevor sie ihm mit betroffener Stimme antwortet.

»Es wird der Tag kommen, wo sie Rechenschaft dafür wird ablegen müssen, daß sie euch seelisch und körperlich quält. Sie wird Gott erklären müssen, warum sie eure Körper, eure Seelen und Gefühle täglich mit ihren Händen, Füßen und Schlagstöcken verletzt. Sie wird vor dem ›Jüngsten Gericht‹ erklären müssen, warum sie euch eure Kindheit raubt und euch jahrelang in Angst und Schrecken aufwachsen läßt!«

10 Unruhig geht Schwester Emanuela in ihrem Zimmer auf und ab. In den Händen hält sie ihren Rosenkranz fest umklammert. Und für einen kurzen Moment schließt sie die Augen.

Sie öffnet sie wieder und kniet sich dann auf eine Kniebank vor dem großen Kreuz nieder und schließt sie erneut. Tränen der Einsamkeit und der Hilflosigkeit bahnen sich ihren Weg durch die geschlossenen Augenlider der frommen Frau. Mit weinender Stimme betet sie und klagt sich vor ihrem Gott an.

»Gott, mein himmlicher Vater, ich habe gesündigt; ich kann meine Sünde nicht ungeschehen machen. Du alleine kannst Sünden vergeben. Du hast deinen Sohn Jesus Christus gesandt, daß er die Schuld der Welt auf sich nehme und die Sünder zu dir zurückführe. Herr Jesus Christus, führe auch mich von meinen Irrwegen zurück auf den Weg der Wahrheit und des Lebens.«

Schwester Emanuela faßt sich ans Herz und hält inne. Ihr Herz klopft rasend schnell, und sie atmet schwer durch. Sie öffnet wieder die Augen und schaut auf das große Kreuz. Während sie mit leiser Stimme weiter betet, fixieren ihre Augen den gekreuzigten Jesus.

»Ich bekenne meine Sünde und bereue sie, weil sie mich von dir fernhält. Herr, verzeih mir und schenk mir deinen Geist, damit ich deine Liebe erkenne und sie dankbar erwidere.«

Die alte Frau nimmt das Kreuz an ihrer Halskette in die Hand und schaut eine längere Zeit die Jesusfigur an. Zärtlich küßt sie den heiligen Männerkörper.

11 Schwester Emanuela betritt die Kirche und geht, während sie auf das große Kreuz blickt, über den Mittelgang zum Vorplatz des Altars. Die alte Frau bekreuzigt sich und fängt an zu weinen. Ihr Gesicht spiegelt Einsamkeit, Angst und Niedergeschlagenheit wider. Sie macht eine Kniebeuge, geht zum Beichtstuhl, öffnet die Tür und tritt ein. Auf der Kniebank kniet sie sich nieder und faltet ihre zittrigen Hände. In den Beichtstühlen und in der Kirche herrscht eine beängstigende Stille, die plötzlich durch die Stimme des Beichtvaters beendet wird.

»Seien Sie gegrüßt, meine Schwester!«

»Im Namen des Vaters und des Sohnes und des Heiligen Geistes. Amen«, erwidert Schwester Emanuela mit leiser Stimme, während sie sich gleichzeitig bekreuzigt.

»Gott, der unser Herz erleuchtet, schenkt Ihnen wahre Erkenntnis Ihrer Sünden und seiner Barmherzigkeit«, erwidert der Beichtvater.

»Amen!« antwortet sie im leisen Ton.

»Gott, der barmherzige Vater, hat durch den Tod und die Auferstehung seines Sohnes die Welt mit sich versöhnt und den Heiligen Geist gesandt zur Vergebung der Sünden. Durch den Dienst der Kirche schenke er Ihnen Verzeihung und Frieden«, flüstert ihr der Priester durch das Holzgitter hindurch zu.

Es herrscht wieder für eine kurze Zeit diese beängstigende und unheimliche Stille, die von dem Beichtvater erneut beendet wird.

»Schwester, was haben Sie mir zu beichten?«

Schwester Emanuela bemüht sich um einen Blickkontakt, doch das Holzgitter und die schwache rote Beleuchtung lassen das jeweilige Gegenüber nur schemenhaft erkennen.

Die fromme alte Frau, die kein Wort über die Lippen bekommt, fängt erneut an zu weinen und zu schluchzen. Der Beichtvater geht auf das Weinen mitfühlend ein.

»Schwester, Sie wissen, daß Sie mir alles beichten müssen. Vertrauen Sie mir! Erleichtern Sie Ihr Gewissen! Sprechen Sie! Ich kann Ihnen sonst leider unmöglich die Absolution erteilen!«

Noch einige Sekunden lang schweigt Schwester Emanuela, dann sagt sie mit leiser, weinender Stimme: »Ich habe ... Ich habe sehr schwer gesündigt!«

Sie hält inne und schweigt. Der Beichtvater wird im Ton eindringlicher und mahnender.

»Reden Sie bitte weiter! Was für eines schlimmen Vergehens erklären Sie sich schuldig?«

Mit leiser, weinender und stotternder Stimme fährt sie fort:

»Ich habe mich der Fleischeslust hingegeben. Ich konnte nicht wiederstehen! Ich war dem Verlangen, der sexuellen Begierde hilflos und willenlos ausgeliefert!«

Der Priester ist zunächst sprachlos, und dann findet er nur schwer Worte.

»Wollen«, er wirkt nervös und gereizt, »wollen ... Sie sich ... schuldig bekennen, sich an einer Mitschwester ... vergangen zu haben?«

Schwester Emanuela fühlt sich am Ende ihrer Kraft. Sie atmet schwer durch, und ihr Herz klopft rasend schnell.

»Nein! Mein Vergehen ist noch schlimmer: Ich habe einen kleinen Jungen aus meiner Gruppe sexuell mißbraucht. Ich wollte es nicht. Das Verlangen und die sexuelle Lust brachen über mich herein. Glauben Sie mir: Mit aller Kraft habe ich versucht, diesen Lustgefühlen zu widerstehen und sie zu bekämpfen! Ohne Erfolg! Die Begierde war stärker als die göttliche Enthaltsamkeit!«

Schwester Emanuela spricht nicht weiter. Auch der Beichtvater schweigt. Die Stille wird plötzlich durch das Läuten der Abendglocke unterbrochen.

Die Dienerin Gottes schließt ihre Augen und sieht die Bilder des sexuellen Mißbrauchs: Wie sie vor ihrem Bett steht und sich neben dem nackt daliegenden Stefan hinkniet; sie erkennt ihre Hand, mit der sie ganz leicht auf Stefans Rücken schlägt und dann ihre Hände, die über den Knabenkörper entlanggleiten und ihn streicheln; die alte Frau erkennt das ängstliche, hilflose und irritierte Kindergesicht und den verkrampften Knabenkörper; sie nimmt ihr eigenes Schnaufen und das wilde, aufbegehrende Stöhnen ihrer alten und zittrigen Stimme wahr. Plötzlich erschreckt die beichtende Schwester, denn sie sieht wie in einem Spiegel ihr rötliches, verschwitztes Gesicht und ihre gierigen großen Augen.

Schwester Emanuela erlangt ihre Sprache wieder und fährt fort:

»Bei Gott, dem Allmächtigen des Himmels und der Erde, ich schwöre Ihnen: Ich wollte es nicht! Meine Arme, meine Hände, meine Finger bewegten sich auf den Knabenkörper zu und faßten ihn an. Ich hatte keinerlei Kraft, sie zurückzuhalten! Sie verselbständigten sich ohne mein Zutun! Mein Körper und meine Seele bebten vor Lust. Fremde Gefühle, die ich zuvor noch nie hatte und noch nie kannte, machten sich in mir breit. Sie nahmen meinen Körper und meine Seele in Besitz!«

Mit lauter Stimme unterbricht sie der Beichtvater.

»Im Namen Gottes, im Namen der Jungfrau Maria und im Namen Jesu: Schweigen Sie! Sie haben sich an dem Jungen und an Gott vergangen. Sie haben sich eines schweren Verbrechens schuldig gemacht! Der Teufel muß Sie geritten haben! Hüten Sie sich davor, sich noch einmal solch eines schwerwiegenden Verbrechens schuldig zu machen! Beten Sie hundertmal das Ave-Maria!«

Die Dienerin Gottes schweigt wie befohlen und bewegt sich nicht.

»Im Namen des Vaters und des Sohnes und des Heiligen Geistes«, flüstert der Gottesmann hektisch und bekreuzigt sich.

»Amen«, erwidert Schwester Emanuela kleinlaut.

»Danken Sie dem Herrn, denn er ist gütig«, antwortet wieder hektisch der Beichtvater.

»Sein Erbarmen währt ewig!« bekennt die alte Frau mit leiser, zitternder Stimme.

Der Beichtvater schweigt einen kurzen Moment, als würde er mit seinem Gewissen, ja mit seinem Gott kämpfen. Dann findet er die heiligen, befreienden Worte.

»Ich werde Ihnen im Namen und Auftrage Gottes die Absolution erteilen und Ihnen somit verzeihen und vergeben! Der Herr hat Ihnen soeben die Sünden vergeben! Geh hin in Frieden!«

Schwester Emanuela ist unfähig, ein Wort hervorzubringen. Der Mund steht weit offen, die Augen sind durch die Tränen gerötet. Mit aller Kraft versucht die alte Frau aufzustehen, doch ihr Körper wehrt sich zunächst dagegen. Nach mehreren Anläufen schafft sie es. Die Dienerin Gottes hält sich am Türgriff fest und verläßt den Beichtstuhl. An den Rücklehnen der Bänke stützt sie sich ab, während sie langsam nach vorne geht, die erste Bankreihe erreicht und sich niederkniet.

Schwester Emanuela schaut zum Altar, dann zum Kreuz und faltet die Hände. Sie schließt die Augen und fängt leise an zu beten. Beim Beten öffnet sie kurz die Augen, sieht den Beichtvater vorne am Altar knien und schließt sie wieder.

12 Sascha steht an einem Fenster im Gruppenflur und sieht einen Jungen aus dem Dorf, der mit seinem Fahrrad auf dem Heimvorplatz herumfährt. Der Junge, der bemerkt, daß er beobachtet wird, schaut zu dem Fenster hoch und blickt in Saschas trauriges Gesicht. Sascha ist zunächst irritiert, doch dann fängt er an zu lächeln.

»Hey, du da! Komm doch runter. Hast du Lust, Fußball zu spielen?« ruft ihm der Junge zu.

»Ja, schon«, antwortet Sascha ihm, aber wir dürfen das Heimgelände nicht verlassen.«

»Angsthase!« ruft der Junge ihm zu.

Sascha zögert einen Moment und schafft es, seine Angst zu überwinden.

»Ich bin gleich unten«, erwidert Sascha.

Sascha schleicht sich von der Gruppe fort und erreicht den Heimvorplatz. Er geht auf den Jungen zu, der ihn anlächelt.

»Ich bin David, und du, wie heißt du?«

»Ich bin der Sascha!«

Sascha und David nehmen plötzlich hinter sich eine Frauenstimme wahr. Noch bevor die beiden die Möglichkeit haben, sich umzuschauen, verspürt Sascha einen heftigen Schmerz im Rücken. Sie schauen sich um und sehen eine Schwester, die ihre zu einer Faust zusammengeballte Hand wieder öffnet. Sascha und David reagieren sofort und bewegen sich nach vorne, um abzuhauen. Doch die Schwester ist schneller und bekommt beide an den Armen zu fassen.

»Halt! Hiergeblieben!«

David, der sich gegen die Schwester wehrt, kann sich aus dem Griff befreien und rennt los.

»Du Mistkerl!« schreit die Schwester hinter ihm her.

Sascha, der ihm nachschaut, steht bewegungslos da. Angst und Sprachlosigkeit machen sich in ihm breit. Die Schwester packt blitzschnell mit beiden Händen sein Haar und zerrt ihn zu sich, während Sascha vor Schmerz laut aufschreit.

»Du Schweinsbraten, dir werde ich es zeigen«, fängt sie laut an zu fluchen, »und wenn ich mit dir fertig bin, wird sich Schwester Emanuela mit dir beschäftigen!«

Sascha tritt plötzlich nach der Schwester, die laut aufschreit und sein Haar losläßt. Diese Chance nutzt er und fängt an zu rennen, als würde er um sein Leben laufen. Nach einigen Metern dreht er sich um und sieht die Schwester hinter sich herlaufen. Sascha läuft und läuft. Schweiß fließt über sein Gesicht; er atmet keuchend. Die Schreie der Schwester verstummen nicht. Sascha sieht sich erneut um und sieht, daß die Schwester ihn immer noch verfolgt.

»Bleib sofort stehen! Du Mistkerl, wenn du nicht sofort stehen bleibst, schlage ich dich tot«, schreit die Schwester völlig erschöpft und fängt an zu fluchen, »ich wünsche dir die Hölle und den qualvollen Tod!«

»Ich wünsche dir einen Herzinfarkt, du sollst tot umfallen«, flucht Sascha zurück.

Sascha sieht David vor sich herlaufen und holt ihn ein. Beide haben Tränen in den Augen und atmen tief und schwer. Schnell laufen sie über ein Feld, dann über eine Wiese und erreichen einen Wald. Jetzt erst bleiben beide kurz stehen und schauen zurück. Die Schwester ist nicht zu sehen. Doch ihre laut fluchende Stimme ist als Echo gegenwärtig. Während beide weiterlaufen, sehen sie plötzlich eine Kapelle. An der Kapelle bleiben sie stehen, öffnen die Tür und treten ein.

Sascha und David sehen einen kleinen Altar, auf dem ein Kreuz und brennende Kerzen stehen. Sie gehen bis zum Stufenansatz, der zum Altar führt, vor und lassen sich dort nieder. Das Sonnenlicht, das die buntbemalten Fenster durchdringt, läßt ihre Gesichter in bunten Farben erleuchten.

»Sascha, du bist ganz schön mutig. Was wird dir passieren, wenn du zurückgehst?« fragt David plötzlich mit einem ernsten Gesichtsausdruck.

Sascha schaut David entsetzt ins Gesicht, denn schlagartig wird er mit seiner eigenen Wirklichkeit konfrontiert. Ihm läuft es eiskalt den Rücken hinunter, und er bekommt eine Gänsehaut.

»Die Schwestern werden mich fertig machen«, antwortet er, während er auf das Kreuz mit der dort angebrachten Jesusfigur schaut.

»Sie werden mich prügeln und strafen, weil ich abgehauen bin und es gewagt habe, gegen eine Schwester Widerstand zu leisten. Ich habe sie getreten, das werden die mir nie verzeihen!«

Er fängt an zu weinen und schaut David in die Augen. David nimmt seine Finger und wischt ihm die Tränen aus dem Gesicht.

»David, ich bin dabei, mich wie alle anderen Kinder daran zu gewöhnen, von den Schwestern Prügel zu beziehen!« fährt Sascha fort, während er wieder auf das Kreuz blickt.

»An was ich mich jedoch nie gewöhnen werde, ist die große Angst! Die macht mich fertig!«

David gehen Saschas Worte sehr nahe.

»Schlagen die euch wirklich?« fragt er Sascha beklommen. »Meine Eltern sagen immer, den Kindern im Heim geht es gut. Die werden nie geschlagen und bestraft! Wenn die dich wirklich schlagen, dann wehre dich nicht, du bist zu schwach, und die sind zu stark!«

Sascha nickt und blickt zu der Wand, auf die durch die Kerzenlichter verursachten Schatten des Kreuzes und der Jesusfigur.

»Ich müßte einen Freund haben, der müßte ganz stark sein, stärker als alle die Schwestern zusammen«, antwortet Sascha ihm, »er müßte ein Riese sein! Er müßte mich und alle anderen Kinder vor den Schwestern beschützen!«

Draußen ist es dunkel geworden, und der Mond wirft ein schwaches Licht in die Kapelle. Die Kerzenflammen entfalten erst jetzt ihre volle romantische Schönheit. Sascha nähert sich mit seinem Gesicht dem von David.

»David, sei mir nicht böse, aber ich muß jetzt ganz schnell zurück ins Heim.«

David schaut ihn irritiert und entsetzt an.

»Sascha, warum gehst du zurück ins Heim, obwohl du weißt, das man dich schlagen wird?«

Sascha schaut aus einem kleinen offenen Fenster hinaus zu den Sternen am Himmel.

»Ich habe keine andere Wahl: Die Schwestern bekommen dich immer zu fassen, egal, wo du bist! Und: Wo soll ich hinlaufen! Ich habe kein wirkliches Zuhause. Mein Zuhause ist das Heim.«

Sascha und David stehen auf, umarmen sich und verlassen die Kapelle Hand in Hand. Vor der Kapelle bleiben sie stehen und schauen zum wolkenlosen Sternenhimmel. Sascha fängt an, die Sterne zu zählen.

»Ich wünsche mir sehr, daß wir uns wiedersehen«, flüstert David ihm ins Ohr und umarmt ihn. »Ich werde an dich denken. Tschau!«

David entfernt sich langsam von Sascha, der ihm hinterherschaut und sieht, wie er sich immer weiter entfernt.

Sascha geht den entgegengesetzten Weg. Nach einiger Zeit nimmt er den unverkennbaren Ton der Heimkirchenglocke wahr. Mit jedem Schritt, mit dem er sich dem Heim nähert, nimmt der Glockenton an Lautstärke zu. Dann sieht er vor sich den von Scheinwerfern angeleuchteten Heimkomplex.

Im Gruppenflur stehen einige Kinder herum und plaudern miteinander. Plötzlich geht die Gruppentür auf, und Sascha steht mitten im Türrahmen. Die Kinder schauen bewegungslos zu Sascha und werden, wie in einem Kinderchor, wo Kinder auf Befehl des Dirigenten schweigen, schlagartig still. Nur der gewaltige laute Ton der Kirchenglocke, der die Mauern und Fenstern durchdringt, ist wahrnehmbar.

Michael beendet die Stille und geht auf Sascha zu.

»Mensch, paß auf: Schwester Emanuela wird dich ganz schön zurichten! Zeige ihr deine Angst nicht! Du weißt, daß sie dann noch brutaler auf dich einschlagen wird! Achtung, Sascha, da kommt sie!«

Schwester Emanuela und Schwester Sabine kommen aus dem Speisesaal und sehen Sascha. Schwester Emanuela, die ein Gebetbuch in der Hand hält, blickt auf ihre Uhr. Dann schaut sie Sascha in die Augen und geht mit großen Schritten auf ihn zu. Breitbeinig bleibt sie vor ihm stehen und schaut mit einem aggressiven Blick auf ihn herab.

»Sascha!« schreit sie plötzlich aus voller Kehle, während sie ihre Hand erhebt und ihm eine kräftige Ohrfeige gibt, »du Mistkerl, wegen dir komme ich zu spät zum Gebet. Du kommst sofort zu mir, sofort!«

Sascha zittert am ganzen Körper. Seine große Angst, die er nicht vor ihr verbergen kann, steht ihm buchstäblich im Gesicht geschrieben. Die Angst vor der allmächtigen Schwester Emanuela sitzt sehr tief in seinem Inneren. Dem bösen, wütenden Blick der alten Frau kann er sich nicht entziehen. Mit ihren Augen fesselt sie seine Kinderaugen an sich. Wie unter Hypnose stehend geht Sascha auf sie zu. Schwester Emanuela erhebt ihre Hände und stößt das Kind Sascha mit voller Wucht zu Boden. Dabei fällt ihr das Gebetbuch aus der Hand. Blitzschnell steht Sascha wieder auf und sieht ihre Faust vor seinem Gesicht. Sascha versucht ihr auszuweichen, doch er schafft es nicht mehr. Er spürt die Faust in seinem Gesicht und schreit laut auf. Langsam geht er in die Knie. Aus seiner Nase fließt Blut, das auf sein Hemd und auf das am Boden liegende, aufgeschlagene Gebetbuch tröpfelt. Schwester Sabine schaut sprachlos auf Sascha und faltet ihre Hände.

Sascha hat große Schwierigkeiten aufzustehen, denn seine Beine zittern. Schwester Emanuela schaut in sein ängstliches Gesicht und sieht die blutende Nase. Sie packt Sascha erneut und schubst ihn mit voller Kraft gegen einen Heizkörper. Sascha schreit erneut laut auf und geht, während er sich mit seinen Händen an den Hinterkopf greift und dort eine blutende Platzwunde bemerkt, erneut zu Boden. In den Innenflächen seiner Hände sieht er Blut.

»Ich werde dir helfen, Bürschchen, dich zu widersetzen«, hört Sascha, der fast besinnungslos vor ihr liegt, die allmächtige Schwester Emanuela laut schreien, »du Bastard, ehe du das schaffst, schlage ich dich krankenhausreif!«

Schwester Emanuela schlägt weiter auf das hilf- und wehrlose Kind ein. Saschas Schmerzensschreie, die immer lauter und hoffnungsloser klingen, halten länger an. In der ganzen Gruppe, in allen Räumen, hört man die um Hilfe schreiende Kinderstimme.

Im Aufenthaltsraum sind einige Kinder, die die lang anhaltenden Schmerzensschreie wahrnehmen. Sofort hören sie mit dem Spielen auf und sitzen bewegungslos auf ihren Stühlen. Einem kleinen Jungen kommen die Tränen. Er nimmt seinen Teddybären und drückt ihn ganz fest an sich. Plötzlich läßt er den Teddybären fallen und hält sich die Ohren zu. Dann fängt er laut an zu schreien.

Im Gruppenflur tritt Schwester Emanuela mit den Füßen wahllos auf Sascha ein, der sich vor Schmerzen krümmt.

»Hören Sie bitte, bitte auf«, fleht Sascha sie an. »Ich gebe alles zu! Ja, ich war frech, ich habe mich der Schwester widersetzt, ich habe die Schwester getreten.«

Sascha fängt heftig an zu weinen, und die Tränen kullern über sein Gesicht.

»Schwester Emanuela«, fleht Sascha erneut, während er auf die Knie geht, seine Hände faltet und sie ihr entgegenstreckt, »bitte, hören Sie auf zu schlagen! Ich mache alles, was Sie wollen, alles!«

»Du wirst mir keine heilige Schwester und Vertreterin Gottes mehr anrühren! Du Satansbrut«, schreit sie aus voller Kehle.

Schwester Emanuela hört plötzlich, für Sascha völlig unerwartet, mit dem Schlagen auf. Sie ist völlig erschöpft und außer Atem, der Schweiß läuft ihr über das Gesicht. Mit einem Ärmel ihrer Schwesterntracht beseitigt sie ihn. Sascha schaut sie ängstlich und flehend an; sein Schreien ist verstummt.

Auch der kleine Junge im Aufenthaltsraum hört auf zu schreien und nimmt die Hände von den Ohren. Er hebt den Teddybären vom Boden auf und geht langsam zur Tür.

Im Gruppenflur sieht er Sascha, der immer noch mit gefalteten Händen vor Schwester Emanuela kniet. An Saschas Hinterkopf erkennt er die blutende Platzwunde.

Erst jetzt bemerkt Schwester Emanuela, daß ihr Gebetbuch, aufgeschlagen und mit Blut bespritzt, auf dem Boden liegt. Ohne ein Wort zu sagen, hebt sie das Gebetbuch auf und geht zum Ausgang des Gruppenraums. Sie schaut der weinenden Schwester Sabine ins Gesicht und verläßt die Gruppe. Schnell geht Schwester Sabine auf Sascha zu, der immer noch am Boden kniet, und hilft ihm, aufzustehen. Sie umarmt ihn, wischt die Tränen aus seinem Gesicht und begutachtet dann die Wunde am Hinterkopf, während sie ein

Taschentuch aus ihrer Schwesterntracht holt und es auf die Wunde legt.

Sascha geht, gestützt von Frank, in den Schlafsaal und legt sich ins Bett. Mit einem Zipfel der Bettdecke wischt er sich die Tränen aus dem Gesicht. Frank setzt sich auf die Bettkante und hält seine Hand.

»Frank, weißt du, wie ich mich fühle?«

»Sascha«, antwortet ihm Frank mit betroffener Stimme, »ich kann das nachempfinden! Weine nur! Ich habe dich sehr gerne!«

Frank blickt Sascha tief in die verweinten Augen.

»Sascha, es hat keinen Sinn, sich gegen die Schwestern zu wehren. Die sind alle stärker. Die haben die christliche Macht. Die haben ihre Rohrstöcke, ihre Hände, ihre Fäuste, ihre Füße und ihren Gott!«

»Willst du mir sagen«, fragt ihn Sascha erstaunt, »uns wird immer nur die Angst bleiben?«

»Ja«, antwortet Frank, »uns bleibt nur die Angst, sie wird uns irgendwann auffressen! Die Angst bestimmt unser ganzes Leben hier!«

13 Schwester Emanuela, die eben noch wild auf Sascha eingeschlagen und eingetreten hat und noch völlig erschöpft ist, steht vor der großen Tür, die zur Kirche führt, und hört ihre Mitschwestern laut beten. Leise öffnet sie die Tür. Auf den vorderen Bänken sitzen die Schwestern. Vor dem Altar steht der Priester mit gefalteten Händen und betet.

Die alte Frau betritt die Kirche, schließt die Tür hinter sich und taucht ihre Finger in das Weihwasserbecken. Mit den Fingern berührt sie die Stirn und bekreuzigt sich. Sie geht den Mittelgang entlang und blickt zu dem Priester, der sie mahnend anschaut. Neben ihren Mitschwestern nimmt sie Platz und legt das Gebetbuch auf die Bankablage. Dann faltet sie die Hände und schließt ihre Augen.

Schwester Emanuela öffnet wieder ihre Augen und schlägt das Gebetbuch auf. Die Mitschwester neben ihr sieht die aufgeschlagene, blutbeschmierte Seite. Schwester Emanuela, die gerade seitlich zu ihr hinschaut, nimmt den geschockten und fragenden Blick wahr. Sie selbst schaut auf die aufgeschlagene Seite, schreckt auf, und wechselt diese schnell.

Wie ein Echo hört sie plötzlich tief im Innern Saschas Schmerzensschreie. Ein kurzes aufschreckendes Zittern geht durch ihren Körper. Sie hält sich ihre Ohren zu, schaut in Richtung Altar und Kreuz. Statt des Altars und des Kreuzes sieht sie das hilfeschreiende Kind Sascha, das vor ihr in die Knie geht, die Hände faltet und sie anfleht. Sie bemüht sich, die Selbstbeherrschung nicht zu verlieren und konzentriert ihre Gedanken auf den Gottesdienst.

Der Priester, der seine Augen schließt, fängt an zu beten, und die Schwestern stimmen in das Gebet mit ein.

»Wir bitten Gott, den Herrn, um Vergebung für das Leid, das wir einander antun; daß wir einander vernachlässigen und vergessen; daß wir einander nicht verstehen und nicht ertragen; daß wir Böses reden und oft von Groll und Bitterkeit erfüllt sind; daß wir nicht vergessen können. Lasset uns beten um Verzeihung für alle Sünden, die die Menschen in ihrer Ohnmacht gegeneinander begehen.«

Der Priester geht hinter den Altar und erhebt seine Hände. Eine Schwester, die sich erhebt, geht zur Treppe, die zum Altar führt und dreht sich zu ihren Mitschwestern um. Als Vorbeterin spricht sie zu ihren Mitschwestern, und diese antworten ihr.

»Vater, wir haben gesündigt vor dir.«

»Vater, wir haben gesündigt vor dir.«

»Wir sind schuldig geworden an unseren Mitmenschen.«

»Vater, wir haben gesündigt vor dir.«

Schwester Emanuela, die leise zu weinen beginnt, schaut der Vorbeterin in die Augen und kämpft gegen ihre Tränen an. Die Vorbeterin bemerkt die Tränen in ihren Augen und betet unbeirrt weiter vor.

»Wir sind schuldig geworden an denen, die uns besonders nahestehen.«

»Vater, wir haben gesündigt vor dir.«

»Wir sind schuldig geworden an der Gemeinde deines Sohnes, an der Kirche.«

»Vater, wir haben gesündigt vor dir.«

»Wir sind schuldig geworden an dir.«

»Vater, wir haben gesündigt vor dir.«

»Vater, vergib uns.«

»Vater, vergib uns.«

Nach Beendigung der Zeremonie begibt sich der Priester hinter den Altar, kniet dort nieder, schließt seine Augen und betet leise vor sich hin. Die Schwestern stehen auf und verlassen über den Mittelgang die heilige Stätte.

14 Einige Kinder sitzen in der Kirche Gottes auf der ersten Bank und schauen zur Schwester Sabine, die vor dem Altar steht und mit ihnen über Gott spricht.

»Wir haben uns hier versammelt«, erklärt sie den Kindern, »um über die Firmung zu reden. Das Gespräch hier in der Kirche dient der Vorbereitung. Meine Kinder: Habt ihr Fragen über Gott? Ihr braucht keine Angst zu haben! Fragt nur! Alles, was wir hier besprechen, bleibt unter uns! Ihr könnt mir vertrauen!«

Die Kinder sitzen bewegungslos auf der Bank, ihre Gesichter strahlen große Traurigkeit aus.

Ein Kind schaut ihr ins Gesicht. Schwester Sabine ist sich bewußt, daß dieses traurige, trostlose und hoffnungslose Kindergesicht den Gemütszustand aller Kinder widerspiegelt. Sie blickt dem Kind in die Augen und schaut gleichzeitig in alle Kinderaugen und erkennt voller Schmerz, daß die Kinder keine Kinder mehr sind. Selten sieht Schwester Sabine sie lachen.

Gefühle, Glücklichsein, Spontaneität und Fröhlichkeit haben für die Kinder keine Bedeutung mehr.

»Wenn ich jetzt sterbe«, unterbricht das Kind, das seinen Blick immer noch auf ihr Gesicht gerichtet hat, stotternd die Stille, »komme ich dann in den Himmel? Wie sieht es im Himmel aus?«

»Schwester Emanuela sagt immer, wir Kinder kommen niemals in den Himmel«, meldet sich Sascha zu Wort, »wir kommen alle in die Hölle. Wir würden bei lebendigem Leibe im Fegefeuer verbrannt. Schwester Sabine, kommen nur Kinder in die Hölle oder auch Erwachsene wie Schwester Emanuela?«

Schwester Sabine zuckt vor Schreck in sich zusammen. Sie geht auf Sascha zu und geht mit ihrer Hand zart durch sein Haar.

»Gott liebt alle Kinder auf der ganzen Welt! Ihr seid die Kinder Gottes!« erklärt sie allen mit betroffener Stimme.

»Sascha«, fährt sie im ruhigem Ton fort, »niemals würde Gott auch nur ein einziges Kind in die Hölle schicken, geschweige bei lebenden Leib im Fegefeuer verbrennen!«

Sie schaut zum Kreuz und fährt fort:

»Natürlich würde Gott euch in sein Himmelreich holen! Wie es dort aussieht, weiß niemand!«

»Warum bedrohen uns die Schwestern«, fragt Frank ungläubig, »wenn sie wütend sind, dann mit der Hölle?«

Schwester Sabine schaut ihn sprachlos an. Ihr kommen die Tränen. Die Kinder sehen an ihrem Gesicht, daß ihr die Fragen sehr nahegehen und sie im Inneren berühren. Über den Mittelgang verläßt sie schweigend die Kirche.

15 Im Schlafsaal ist es fast dunkel und ruhig, nur der halbe Mond gibt etwas Licht. Frank kann nicht einschlafen. Er steht auf, geht ganz leise zu Saschas Bett und streichelt sein Gesicht.

Sascha wacht auf und bewegt sich. Bevor er vor Schreck laut werden kann, legt Frank ihm die Hand zärtlich auf dem Mund. Sascha ist völlig überrascht und erkennt im Mondlicht Franks Gesicht.

»Frank, was machst du da?«

Frank antwortet ihm nicht. Er schiebt die Bettdecke zur Seite, legt sich neben ihn und deckt sich und Sascha zu. Dann kuschelt er sich eng an Saschas Körper und spürt dessen Körperwärme, die auf ihn übergeht. Frank fängt Sascha an zu streicheln und bemerkt, daß sich sein verkrampfter Körper langsam entspannt.

»Sascha, ich mag dich sehr! Du bist einfach toll, du gefällst mir unheimlich«, flüstert Frank Sascha ins Ohr und gibt ihm einen zarten Kuß auf den Mund. »Sascha«, fährt er fort, »du brauchst keine Angst zu haben: Ich würde dir nie wehtun! Ich mag nur mit dir schmusen!«

Frank schaut Sascha im Mondlicht an und sieht, wie seine Angst sich Stück für Stück verflüchtigt. Sascha lächelt Frank an, und der erwidert sein Lächeln. Sie pressen ihre warmen Körper aneinander und tauschen viele Küsse aus. Frank streichelt Saschas Haar und geht ganz zart mit den Fingern über sein Gesicht. Dann legt er sich auf Sascha, und ihre Körper bewegen sich unter der schützenden Bettdecke hin und her. Ihre Herzen klopfen rasend schnell, und sie atmen tief und schwer. Plötzlich stöhnen beide leise auf. Während

Frank sich auf Saschas Körper fallen läßt, fällt die Bettdecke auf den Boden. Beide liegen auf dem verschwitzten, nassen Bettuch.

»War es schön?« fragt Frank Sascha flüsternd.

»Ja! Es war sehr schön!« antwortet Sascha ebenfalls flüsternd.

»Wollen wir das jetzt öfters machen?« haucht ihm Frank ins Ohr.

»Oh ja!« antwortet Sascha und gibt ihm einen Kuß auf den Mund.

Sascha und Frank hören plötzlich ein ihnen bekanntes Geräusch. Die Schritte nähern sich. Im Türrahmen sehen sie die große dunkle Gestalt der allmächtigen und allgegenwärtigen Schwester Emanuela. Beide hören, wie von ihr der Lichtschalter betätigt wird. Schwester Emanuela steht da, erstarrt und sprachlos, ihr Gesicht wird schlagartig blaß. Den Mund vor Schreck weit geöffnet, nimmt sie ihre rechte Hand und führt diese langsam zum Mund. Die alte Frau, die sich am Türgriff festhält, hat sich nicht mehr unter Kontrolle, ihr ganzer Körper fängt an zu zittern.

Sascha und Frank greifen gleichzeitig nach der am Boden liegenden Bettdecke, ziehen diese blitzschnell über ihre Körper und halten sie fest umklammert. Schwester Emanuela kommt wieder zur Besinnung und rennt auf die beiden zu. Von oben blickt sie auf die ängstlichen Kindergesichter herab.

»Ihr Schweine!« schreit sie aus voller Kehle, »ihr Drecksäue! Heucheln, den ganzen Tag heucheln, und abends im Bett solche perversen Schweinereien!«

Mit aller Kraft versucht Schwester Emanuela, den beiden die schützende Bettdecke wegzureißen, doch das Deckenende in ihren Händen reißt. Die Bettdeckfedern fliegen in alle Himmelsrichtungen und lassen sich auf Sascha, Frank und Schwester Emanuela nieder. Sascha und Frank liegen völlig verstört da und zittern vor Angst am ganzen Körper. Schwester Emanuela ballt ihre Hände zu Fäusten und schlägt ohne Vorwarnung auf die Kinder ein. Sascha und Frank schreien laut auf und fangen an zu weinen.

Einige der wachgewordenen Kinder schauen ängstlich unter ihrer Bettdecke hervor; andere verkriechen sich darunter.

Schwester Emanuela schlägt weiter wahllos auf die beiden Kinder ein. Mit den Händen greift sie die Bettkante und hebt das Bett mit aller Kraft hoch. Sascha und Frank versuchen sich, am Bettgestell festzuhalten, doch sie finden keinen richtigen Halt und fallen auf den Boden. Schwester Emanuela tritt mit den Füßen auf die Jungen ein. Sie tritt Sascha in die Genitalien, der noch lauter aufschreit. Sie schaut ihm ins Gesicht und sieht, wie er vor Schmerz sein Gesicht verzerrt und sich krümmt. Mit seinen Händen schützt er die Genitalien vor weiteren Tritten.

»Jawohl, so geht man mit schwulen und perversen Schweinen um«, schreit sie laut lachend, »so und nicht anders!«

Einem kleinen Jungen kommen die Tränen, die er vorsichtig mit der Bettdecke abwischt.

»Glaubt ja nicht, daß das alles war, das wird für euch böse Folgen haben! Ich werde morgen Herrn Müller von euren perversen und krankhaften Spielen berichten. Stellt das Bett wieder auf, und geht sofort in eure Betten!«

16

Im Vorzimmer des Büros von Herrn Müller sitzen Sascha und Frank bewegungslos auf den Stühlen. Sascha beobachtet die Sekretärin, eine ältere, streng wirkende Frau, die ihr graumeliertes Haar unter einem Haarnetz trägt und hinter einem Schreibtisch sitzt. Ihm fällt auf, daß diese Frau, während sie auf einer Schreibmaschine tippt, ihn und Frank über ihre Brillenränder hinweg beobachtet. Plötzlich geht mit Wucht die Tür, die in das Büro des Heimleiters führt, auf. Und leibhaftig erscheint in voller Größe Herr Müller, der, ohne ein Wort zu sagen, auf die beiden Kinder zugeht und ihnen zur Begrüßung eine Ohrfeige gibt. Dann fordert er sie auf, ihm in sein Zimmer zu folgen. Mit großen Schritten geht Herr Müller voraus und setzt sich hinter seinem Schreibtisch. Im lauten Ton fordert der Geistliche von den Kindern, auf den Stühlen vor seinem Schreibtisch Platz zu nehmen.

Es herrscht eine erdrückende Stille. Saschas und Franks Gesichter drücken Angst, Einsamkeit und Hilflosigkeit aus. Herr Müller schaut den Kindern ins Gesicht, seine Gesichtszüge zeugen von großer Gefühlskälte.

An der Tür klopft es, und Schwester Emanuela betritt den Raum. Ohne ein Wort zu sagen, nimmt sie auf einem Stuhl neben Herrn Müller Platz. Der Gottesmann wirft ihr einen kurzen Blick zu und schaut dann zum Kreuz, das an der Wand hängt.

»Ihr habt sehr, sehr schwer gesündigt«, erklärt der Priester im aggressiven Ton, »das werden ich und auch der Heilige Vater im Himmel euch niemals verzeihen! Warum habt ihr so schwer gesündigt und solche Schweinereien gemacht?

Was habt ihr euch dabei gedacht? Wie oft und wie habt ihr das gemacht? Was habt ihr dabei gefühlt?«

Schwester Emanuela will etwas sagen, doch Herr Müller winkt mit einer Handbewegung ab. Sascha schaut ihn und dann Schwester Emanuela ängstlich an. Ihn schmerzen noch die Körperstellen, auf die Schwester Emanuela wild eingeschlagen und eingetreten hat.

»Wir mögen uns eben«, antwortet er mit leiser und zitternder Stimme.

Der Gottesmann ist für einige Sekunden sprachlos und schaut Sascha wütend an. Dann findet er wieder Worte.

»Ihr meldet euch sofort bei Dr. Schulz«, sagt Herr Müller lautstark, und seine Stimme wirkt plötzlich nicht mehr wie die eines Priesters. »Ihr werdet euch vor Gott und uns verantworten müssen. Ihr werdet heute abend in die Kirche kommen und bei mir wahrheitsgemäß die Beichte ablegen!«

Frank will etwas sagen und blickt ängstlich zu Herrn Müller. Doch er schafft es nicht, den Mund aufzumachen. Der Geistliche schaut ihn mit einem mahnenden Blick an.

»Laßt euch gesagt sein«, sagt er barsch, »von solchen perversen und krankhaften Spielen wird man geisteskrank! Wenn ihr das noch einmal macht, werde ich euch höchstpersönlich in die Anstalt für Geisteskranke bringen.«

Herr Müller greift zum Telefonhörer und wählt eine Nummer. Am anderen Ende ist der Heimarzt Dr. Schulz.

»Herr Dr. Schulz, ich schicke Ihnen Frank und Sascha von der Gruppe St. Martin vorbei. Die beiden wurden von Schwester Emanuela bei perversen Sex-Spielen erwischt. Kümmern Sie sich bitte um die beiden!«

»Herr Müller, was sagen Sie da«, antwortet Dr. Schulz ihm erstaunt. »Und ich dachte, solche Schweinereien haben aufgehört, nachdem wir noch vor kurzem als Abschreckung zwei Jungen in eine Anstalt verbracht haben. Ich werde hier zunächst einmal versuchen, das Problem medikamentös aus der Welt zu schaffen!«

»Tun Sie das!« erwidert der Geistliche und beendet das Gespräch.

»Ihr geht jetzt sofort mit Schwester Emanuela zu Herrn Dr. Schulz auf die Krankenstation«, schreit Herr Müller die Kinder an, während er zur Tür geht und diese öffnet. Schwester Emanuela erhebt sich vom Stuhl und fordert sie auf, ihr zu folgen.

»Ich schwöre euch bei Gott, dem Allmächtigen: Wenn Ihr das noch einmal macht, werden wir dafür sorgen, daß ihr euch nichts Sehnlicheres wünscht, als niemals geboren worden zu sein!« schreit der Priester den Kindern hinterher.

Sascha und Frank gehen an der Sekretärin vorbei, die den Kindern hinterher schaut; ihr Gesicht zeigt keinerlei Regung.

17

Schwester Emanuela steht mit Sascha und Frank vor der großen Glastür, die zur Krankenstation führt. Sie betätigt die Klingel, und eine Krankenschwester öffnet die Tür. Schwester Emanuela schubst die beiden Kinder in die Krankenstation und geht wieder. Von innen verschließt die Krankenschwester die Tür und fordert beide auf, auf einer Bank Platz zu nehmen. Sascha und Frank nehmen den Geruch der Krankenstation wahr. Sie beobachten die Krankenschwester, die in ein Zimmer verschwindet, an deren Tür der Name des Heimarztes: »Dr. Schulz« steht. Die Tür öffnet sich wieder, und Dr. Schulz, ein älterer, dicker Mann mit graumeliertem Haar und einer Hornbrille auf der Nase, steht im weißen Kittel, ein Stethoskop um den Hals, mitten im Türrahmen. Mit strengem Blick schaut er zu Sascha und Frank. Sascha hält den Blick nicht aus und schaut voller Angst zur Seite. Dr. Schulz winkt Frank zu sich, der ihm widerwillig ins Arztzimmer folgt. Sascha, der von der Krankenschwester beobachtet wird, hört plötzlich Dr. Schulz laut schreien: »Du bist ein absolutes Dreckschwein! Du bist krank!«

Dr. Schulz sitzt auf der Vorderseite seiner Schreibtischplatte und schaut Frank, der vor ihm auf einem Stuhl sitzt, aggressiv an. Für Frank völlig unerwartet springt Dr. Schulz plötzlich auf und geht direkt auf ihn zu. Im Stuhl zuckt Frank vor Angst zusammen und fängt an zu weinen. Er schaut Dr. Schulz ins Gesicht, dessen schweißbedeckte Stirn mit Pickeln behaftet ist.

»Weißt du, wie man mit solchen Perversen umgeht?« schreit der Heimarzt durch das Arztzimmer. »Diese Perversen stellen generell eine Gefahr für die Öffentlichkeit dar! Die werden ihr Leben lang in eine Anstalt für Geisteskranke zwangsuntergebracht!«

Wütend blickt Dr. Schulz Frank ins Gesicht.

»Diese Kranken haben niemals mehr die Chance, in Freiheit zu leben«, schreit er plötzlich aus voller Kehle, »sie sind lebendig begraben!«

Mit dem Gesicht geht Dr. Schulz ganz nahe an Franks Gesicht, der mit seinem Kopf nach hinten ausweicht. Und doch kann Frank nicht verhindern, daß sich ihre Nasenspitzen berühren und sie sich in die Augen schauen. Frank schließt seine Augen, während sich die Tränen ihren Weg unter den Augenlidern hindurch bahnen.

Dr. Schulz beobachtet Frank und sieht die Tränen in seinem Kindergesicht.

»Mein schöner Knabe«, flüstert der Heimarzt dem Kind Frank ins Ohr, »kennst du das Gefühl, niemals in Freiheit zu leben und lebendig hinter Mauern begraben zu sein?«

Frank, der von den Worten aus dem Mund eines Arztes total geschockt ist, sitzt bewegungslos auf dem Stuhl und durchlebt eine zuvor noch nie gekannte Angst. Diese Angst lähmt ihn für einen kurzen Moment. Er öffnet wieder die Augen und sieht Dr. Schulz, der zum Arztschrank geht, dort eine Medikamentenpackung herausholt und sie auf seinen Schreibtisch stellt. Frank schaut sich die Packung an und liest den Namen »Androcur«. Während Dr. Schulz die Packung wieder an sich nimmt, diese öffnet und eine Tablette herausnimmt, fordert er Frank auf, den Mund aufzumachen. Frank weigert sich. Dr. Schulz, der die Tablette in seinen Fingern hält, geht ganz nahe an Frank heran und versucht, sie zwischen dessen Lippen hindurch in den Mund zu schieben. Doch Frank drückt seine Lippen fest zusammen.

»Wenn du nicht sofort deinen Mund aufmachst«, schäumt Dr. Schulz vor Wut, »werde ich dir das Mittel mit einer Spritze verabreichen!«

Langsam öffnet Frank den Mund und schaut ihm ängstlich ins Gesicht. Dr. Schulz lächelt zufrieden und schiebt ihm die Tablette tief in den Mund.

»Das Medikament wird Schwester Emanuela dir und dem Sascha ab heute verabreichen«, erklärt er Frank mit seiner tiefen, angsterregenden Stimme. »Das Medikament wird euch die perverse und krankhafte Lust austreiben!«

Sprach- und hilflos blickt Frank ihm in die Augen.

»Wenn wir euch noch einmal bei solchen Perversitäten erwischen, kommt ihr beide in eine Anstalt!« schreit der Heimarzt das Kind an, während er zur Tür geht und diese öffnet.

Sascha schaut zur Arztzimmertür und sieht, wie die Tür aufgeht und Frank völlig verstört herauskommt. Frank blickt kurz zu Sascha und geht schweigend an ihm vorbei. Die Krankenschwester schließt die Stationstür auf, und Frank verläßt die Krankenstation. Sascha sieht die Krankenschwester, wegen der Tränen nur verschwommen, breitbeinig an der offenen Tür stehen und rennt plötzlich los. Die Krankenschwester, die sofort reagiert, bekommt ihn an den Haaren zu fassen und zerrt ihn zu sich.

»Aua! Das tut weh!« schluchzt Sascha laut auf.

»Stehengeblieben!« schreit die Krankenschwester zurück. »Du wagst es, die Flucht zu ergreifen? Du Satansbraten!«

Sie packt Sascha am Kragen, schiebt ihn ins Arztzimmer und macht von außen die Tür zu.

Dr. Schulz steht vor seinem Schreibtisch und mustert Sascha über seine Brille hinweg von unten nach oben. Vor Angst zittert Sascha am ganzen Körper, und er weint immer noch. Von innen schließt Dr. Schulz die Tür ab und fordert Sascha auf, zu ihm hochzuschauen. Sascha weigert sich, dem ärztlichen Verlangen nachzukommen. Plötzlich greift der Heimarzt mit den Händen das Kindergesicht und drückt es nach oben. Sascha schreckt auf und schließt seine Augen.

»Du wirst mich sofort angucken, sofort!« brüllt der alte Mann im weißen Kittel ihn an. »Wenn du nicht sofort deine Augen öffnest, werde ich dir persönlich deine Hose ausziehen und dich übers Knie legen.«

Aus Angst öffnet Sascha seine Augen und schaut ihm direkt ins Gesicht.

»Erzähle mir, was du und Frank getan habt. Was habt ihr dabei empfunden? Erzähle schon!«

Sascha antwortet ihm nicht. Dr. Schulz, der Sascha wütend anschaut, greift ihn an beiden Schultern und schüttelt ihn durch.

»Wenn du nicht sofort dein verdammtes Maul aufmachst und meine Fragen beantwortest«, schreit der Heimarzt Sascha an, während er ihn weiter durchschüttelt, »werde ich dir den nackten Arsch nach Strich und Faden versohlen!«

»Wir waren zärtlich zueinander«, antwortet Sascha mit leiser und zitternder Stimme.

Über seine Brillenränder hinweg schaut Dr. Schulz ihn neugierig an.

»Ich will sofort alle Details wissen, alles!«

»Wir waren ganz lieb zueinander! Wir haben uns gestreichelt und geküßt!«

Dr. Schulz blickt das Kind mit großen Augen an.

»Das ist absolut krankhaft, das ist pervers!« klärt er Sascha mit leiser, erregter und durchtriebener Stimme auf.

»Probier es doch mal mit einem Mädchen! Mach dich an eine heran, fummel ihr so ein bißchen unterm Pullover herum, lang ihr mit der Hand auch ruhig mal untern Rock, und mach sie so richtig heiß auf dich! Dann sollst du mal sehen, wie schnell du sie rumkriegst!«

Der Heimarzt geht zwei Schritte zurück und greift sich an seinen Hosenschlitz.

»Sascha«, die Stimme dieses alten Mannes verändert sich, und er atmet plötzlich tief und schwer, »schau mir sofort auf den Hosenschlitz!«

Vor Angst zuckt Sascha in sich zusammen. Er schaut nicht auf den Hosenschlitz, sondern auf das Kreuz. Als würde ihn Gott vor Schlimmerem bewahren wollen, ertönt plötzlich die Kirchenglocke. Sascha hat auf einmal die große Hoffnung, daß Dr. Schulz ihn sofort gehen läßt. Und tatsächlich hält er einen kurzen Moment inne. Doch dann packt er Saschas Haare und zieht diese, und dadurch auch sein Gesicht, nach unten. Sascha schreit laut auf und erkennt die Konturen des Glieds dieses Mannes. Er schreckt auf und schließt die Augen. Plötzlich läßt Dr. Schulz seine Haare los. In der Hoffnung, daß ihn jemand hört, schreit Sascha weiter laut auf. Dr. Schulz bemerkt erst jetzt, daß das Fenster weit aufsteht. Mit schnellen Schritten geht er zu dem offenen Fenster und schaut auf die Straße.

Auf der Straße gehen mehrere Schwestern, die in ihren Händen einen Rosenkranz halten und beten. Ihre Augen sind geschlossen, während sie die lauten Kinderschreie wahrnehmen. Eine Schwester öffnet die Augen und blickt zum Arztzimmerfenster hinauf. Am Fenster sieht sie den Heimarzt, der sie anlächelt und das Fenster schließt. Mißtrauisch blickt die Schwester ihn an und schließt die Augen. Dann betet sie, wie ihre Mitschwestern, weiter.

Dr. Schulz geht auf Sascha zu und bleibt vor ihm stehen.

»Hör sofort auf zu schreien«, zischt er ihn mit mahnender Stimme an. Saschas Hilfeschreie werden leiser und leiser, bis sie ganz verstummen. Mit den Händen greift Dr. Schulz plötzlich Saschas Taille und drückt den Körper mit voller Wucht an seinen dicken, nach Schweiß riechenden Leib. Verzweifelt versucht Sascha, sich aus dieser Umklammerung zu befreien. Seine ganze kindliche Kraft bietet Sascha auf, doch gegen Dr. Schulz hat er keine Chance. Der Heimarzt schaut in das Kindergesicht und genießt die Angst und die Hilflosigkeit, die sich dort widerspiegeln. Seine Augen sind weit geöffnet und durchdringen Saschas kindliche Unschuld.

»Gib auf«, flüstert er Sascha mit stöhnender Stimme lächelnd ins Ohr, »du hast gegen mich überhaupt keine Chance!«

Blitzschnell läßt Dr. Schulz Saschas Taille los und bekommt seinen Kopf zu greifen. Mit großer Kraft drückt er den Kopf zu sich hoch und schaut ihm ins Gesicht. Seine Lippen pressen sich an die Lippen des Kindes. Mit letzter Kraft versucht Sascha, sein Gesicht wegzudrehen, doch der Heimarzt hält seinen Kopf festumklammert. Vor Kraftanstrengung läuft Saschas Gesicht rot an. Dr. Schulz küßt Saschas Gesicht und seinen Hals mehrfach. Der alte Mann kommt in Fahrt und zittert am ganzen Körper. Schweißperlen kullern über sein Gesicht, das rot anläuft. Seine Hornbrille rutscht bis zur Nasenspitze hinunter. Mit einer Hand öffnet Dr. Schulz plötzlich den Reißverschluß seiner eigenen Hose, während die andere Hand Saschas Hals festumklammert. Mit einem gierigen Blick schaut er in Saschas Augen und holt seinen Penis hervor.

»Nimm meinen Penis in deine Hände und reibe an ihm, aber kräftig!« fordert er das Kind mit einem Stöhnen in der Stimme auf.

Sascha sieht, wie der Penis aus seiner Hose herausragt. Der Anblick ekelt ihn an, und er hat das Gefühl, erbrechen zu müssen. Jetzt erst läßt Dr. Schulz seinen Hals los. Sascha nutzt die Gelegenheit, rennt zum Fenster, öffnet es, beugt sich aus dem Fenster und muß erbrechen. Er blickt nach unten auf die Straße, will in die Tiefe springen und beugt sich noch weiter hinaus. Dr. Schulz steht der Schreck im Gesicht geschrieben. Mit einem großen Sprung ist er bei Sascha und bekommt ihn am Hals zu packen. Sascha ballt seine Hände zu Fäusten und versucht verzweifelt, gegen den großen Körper anzuboxen. Dr. Schulz zerrt Sascha, der am ganzen Körper zittert und weint, zu seinem Schreibtisch und läßt ihn nicht los.

»Bist du denn total übergeschnappt?« schreit Dr. Schulz aus voller Kehle.

Noch einmal fordert er Sascha auf, den Penis in die Hände zu nehmen.

»Wenn du jetzt nicht gehorchst, werde ich persönlich dafür sorgen, daß du in ein wirklich fürchterliches Heim kommst!«

Sascha hat keine Chance und greift widerwillig und langsam nach dem Penis. Die Gesichtszüge des Heimarztes verzerren sich, und er fängt laut an zu stöhnen. Nach kurzer Zeit spürt Sascha das Sperma auf seiner Hand. Dann ist es schlagartig still, nur die Kirchenglocke ist hörbar. Sascha läßt den Penis los und weicht zurück. Mit Tränen in den Augen schaut er zum Kreuz. Dr. Schulz folgt Saschas Blickrichtung, während er seinen Reißverschluß verschließt und sich den Schweiß aus dem Gesicht wischt.

»Du weißt, was dir passiert, wenn du auch nur ein Sterbenswörtchen sagst. Nicht wahr, mein Junge? Dir würde sowieso niemand glauben!«

Dr. Schulz greift in seine Hosentasche und gibt Sascha ein Taschentuch. Sascha, dessen Gesicht sich vor Angst verzerrt, reibt damit seine Hand mehrmals ab, während der Heimarzt seine Hände am Waschbecken mit flüssiger Seife reinigt. Dann geht Dr. Schulz zur Tür, schließt diese auf und schaut Sascha überhöflich an. Langsam geht Sascha, den Kopf nach unten gesenkt, aus dem Arztzimmer.

18 Frank sieht den total verstörten Sascha auf die Gruppe zukommen und geht auf ihn zu.

»Was hat Dr. Schulz mit dir gemacht?«

Sascha zittert am ganzen Körper und fängt an zu weinen. Frank nimmt ihn in die Arme, streichelt über sein Haar und wischt, während Sascha ihm in die Augen schaut, die Tränen aus seinem Gesicht.

»Der hat sich nicht für meine blauen Flecken interessiert. Der hat...«

Sascha hält inne und ist nicht in der Lage, weiter zu sprechen. Frank will alles wissen und fragt nach.

»Sascha, sag schon, was hat dieses Schwein mit dir gemacht?«

Einige Zeit braucht Sascha, bis es aus ihm herauskommt.

»Der hat mich gezwungen, an seinem Pimmel zu spielen.«

Frank wirkt gar nicht erstaunt.

»Mit mir hat der das auch schon einmal gemacht«, klärt er Sascha auf, »als ich krank war und er mich untersuchte.«

Mit verweinten Augen schaut Sascha ihn verdutzt an.

»Ich kann es nicht glauben: Der macht das auch mit anderen Jungen?«

Frank nickt mit dem Kopf.

»Ich halte es hier nicht mehr aus! Ich will hier raus! Ich will abhauen. Frank, kommst du mit?«

»Was willst du, abhauen?« fragt Frank ebenso erstaunt wie entsetzt. »Du hast keine Chance! Auch wenn es dir gelingt, die Flucht zu ergreifen, die kriegen dich sowieso, egal, wo du dich versteckst. Und wenn sie dich haben, werden sie dich windelweich prügeln.«

In Franks Kindergesicht macht sich Resignation und Traurigkeit breit.

»Sie werden solange auf dich draufschlagen«, fährt er mit trauriger Stimme fort, »bis du dich nicht mehr bewegen kannst. Niemand hat eine Chance, den Schwestern zu entkommen, niemand! Das hast du doch am eigenen Leib erfahren!«

Sascha bekommt eine Gänsehaut, und ihm wird ganz mulmig. Dennoch will er an seinem Entschluß festhalten und türmen.

»Frank, Mensch, du, ich will frei sein! Egal was passiert: Wenn sie uns erwischen, dann sollen sie uns doch schlagen und strafen!«

Sascha schaut aus dem Fenster über die Bäume hinweg zum Himmel und sieht dort Vögel fliegen.

»Frank, ich will frei sein – du doch auch! Komm mit!« sagt er.

Frank nickt stumm. Saschas Worte haben ihn stark beeindruckt und im Inneren tief berührt. Er braucht einige Zeit, bis er die richtigen Worte findet.

»Sascha, ich komme mit dir!«

19

Sascha und Frank sitzen in der Kirche Gottes auf einer Bank direkt neben dem Beichtstuhl. Beide schauen zum Altar und sehen Schwester Berta, die mit einer Gießkanne die Blumen gießt. Plötzlich hören sie die Kirchentür und blicken nach hinten. Im Türrahmen steht, lautlos und leibhaftig, der Priester und Beichtvater. Der Beichtvater geht direkt auf die Beichtstühle zu und verschwindet in seiner Kabine. Kurze Zeit später kommt der Geistliche lautlos heraus und zeigt mit den Fingern auf Frank. Dann verschwindet der heilige Mann wieder lautlos in seiner Kabine. Frank schaut Sascha an und geht langsam in den Beichtstuhl. Einen kurzen Moment steht Frank im Beichtstuhl, dann kniet er sich auf die Kniebank nieder.

»Im Namen des Vaters und des Sohnes und des Heiligen Geistes. Amen!« sagt Frank, während er sich bekreuzigt.

»Gott, der unser Herz erleuchtet, schenke dir wahre Erkenntnis deiner Sünden und seiner Barmherzigkeit«, erwidert der Beichtvater.

»Amen!« antwortet Frank.

»Frank«, erklingt überhöflich die Stimme des Beichtvaters, »lege bitte hier und jetzt eine volle und wahrheitsgemäße Beichte ab über das große Verbrechen, und die große, schwere Schuld, die du und Sascha auf euch geladen habt, und bekenne dich schuldig!«

Frank ist geschockt und schweigt. Ihm gehen die Worte des Geistlichen: *Verbrechen* und *Schuld* durch den Kopf. Frank geht mit seinem Gesicht ganz nahe an das Holzgitter heran, versucht, dem Beichtvater direkt ins Gesicht zu sehen. Doch das Holzgitter und die sehr schwache Beleuchtung lassen dies nicht zu. Frank fragt sich: Hat der Gottesmann etwas zu verbergen? Und hat dieser fromme Mann Angst davor, daß ihm das Beichtkind während der Beichte in die Augen blickt?

Frank bricht sein Schweigen und ist fest entschlossen, dem Beichtvater seine ganz persönliche Wahrheit zu beichten.

»Sie reden von Verbrechen und Schuld«, flüstert Frank ihm mit ängstlicher, zitternder Stimme zu, »warum soll ich mich schuldig bekennen?«

Ihm kommen die Tränen, er denkt an Sascha und an die Nacht, in der sie sich im Bett geliebt haben. Schwester Emanuela sieht er vor sich, die diese Liebe brutal niedergeknüppelte.

»Ist es ein Verbrechen«, schreit Frank plötzlich laut heraus, »wenn man jemanden mag? Sascha und ich mögen uns sehr! Wir lieben uns! Wir haben uns im Bett geliebt. Ist das etwa ein Verbrechen, wenn man sich liebt?«

Auf eine Antwort wartet Frank vergebens. Statt dessen hustet der Beichtvater kurz auf. Frank holt tief Luft und spricht laut und erregt weiter.

»Wissen Sie, wie wir Kinder uns alle fühlen, wenn einer von uns hilflos vor aller Augen von Schwester Emanuela geprügelt wird? Haben Sie schon einmal ein Kind vor Angst und vor Schmerzen schreien gehört und weinen gesehen?«

»Schweig! Frank, ich weiß nicht, ob der heilige Vater im Himmel euch von eurem Verbrechen freispricht und euch verzeiht«, schreit der Gottesmann plötzlich durch das Holzgitter. »Ich jedenfalls werde euch niemals die Absolution erteilen! Und jetzt gehe und bete hundertmal das Ave-Maria!«

Frank verläßt den Beichtstuhl und lächelt Sascha mit Tränen in den Augen liebevoll an.

Der Beichtvater kommt aus seiner Kabine und winkt Sascha zu sich. Sascha steht auf und geht auf ihn zu. Der Gottesmann fordert ihn per Handzeichen auf, im Beichtstuhl Platz zu nehmen und geht wieder in seine Kabine.

»Im Namen des Vaters und des Sohnes und des Heiligen Geistes. Amen!« flüstert Sascha mit zitternder Stimme und bekreuzigt sich gottesfürchtig.

»Gott, der unser Herz erleuchtet, schenke dir wahre Erkenntnis deiner Sünden und seiner Barmherzigkeit«, erwidert der Beichtvater.

»Amen!« antwortet ihm Sascha.

Der Beichtvater ist bemüht, die Selbstbeherrschung nicht zu verlieren. Der heilige Mann geht mit seinem Gesicht ganz nahe an den Holzgitterzaun, als wolle er mit seinem Gesicht dort hindurch. Sascha sieht seine Augen, und ihm kommt ein übler Mundgeruch entgegen.

»Sascha«, flüstert der Priester durch das Holzgitter hindurch, »lege bitte hier und jetzt eine volle und wahrheitsgemäße Beichte ab über das große Verbrechen, die große, schwere Schuld, die du und Frank auf euch geladen habt, und bekenne dich schuldig!«

Sascha schweigt. Der fromme Mann verliert schlagartig seine Selbstbeherrschung und schreit ihn an.

»Wenn du nicht wahrheitsgemäß beichtest, kann ich dir im Namen Gottes nicht die Absolution erteilen!«

Sascha bleibt stumm, ihm kommen die Tränen. Er steht auf, verläßt den Beichtstuhl und schaut zu Frank, der immer noch betet. Mit gesenktem Kopf verläßt er die Kirche, während Frank ihm nachschaut.

20 Im Speisesaal sitzen die Kinder auf ihren Plätzen. Fräulein Jung und Schwester Sabine öffnen große Töpfe, die aus der Heimküche gebracht wurden, und füllen Teller mit Kartoffelbrei, Rotkohl und Bratwurst. Sascha sieht die Bratwurst auf dem Teller, und sein Gesicht verzerrt sich.

»Fleisch mag ich überhaupt nicht«, flüstert er Michael ins Ohr.

Fräulein Jung, die hinter Sascha und Frank steht, bekommt das mit und schreit beide an.

»Was auf dem Tisch steht, wird gegessen, alles!«

»Ich mag kein Fleisch!« erwidert Sascha.

Schwester Emanuela, die in dem Speisesaal erscheint, bekommt den kurzen Disput mit. Etwas unsanft schiebt sie Fräulein Jung beiseite und stürzt sich auf Sascha.

»Das werden wir doch mal sehen, mein Freundchen«, schreit die alte Frau ihn an.

Zielgerichtet greifen ihre Finger Saschas Nase und drükken sie zu. Sascha bekommt keine Luft mehr und öffnet den Mund. Diese Chance nutzt sie und schiebt, ja drückt Sascha ein Stück Bratwurst in den offenen Mund. Sascha fängt an zu weinen und schaut ihr ins Gesicht. Sein Gesicht verfärbt sich rot, er muß erbrechen. Schwester Emanuela schreckt auf und schreit:

»Du wirst sofort das Erbrochene zu dir nehmen, sofort!«

Sie nimmt Saschas Hinterkopf und drückt diesen mit aller Kraft auf das Erbrochene. Verzweifelt versucht Sascha sich zu wehren. Mit seiner kindlichen Kraft bemüht er sich, den Kopf nach oben zu drücken, doch die alte Frau ist die Stärkere. Sie drückt seinen Kopf wieder nach unten. Plötzlich läßt sie den Kopf los. Sascha richtet sich auf, und sein Gesicht ist voll mit Erbrochenem, das sich mit den Tränen vermischt hat.

Die Kinder schauen zu Sascha und sind geschockt. Angst beherrscht wie immer ihr Handeln und Denken.

Bewegungslos sitzen sie auf den Stühlen und schweigen. Niemand kommt Sascha zur Hilfe. Einige haben Mitgefühl, die anderen leiden unter Gefühllosigkeit und Empfindungslosigkeit.

Schwester Sabine steht am Fenster, und ihr kommen die Tränen. Sie dreht sich um und schaut hinaus.

Schwester Emanuela bemerkt, daß die Ärmel ihrer Schwesterntracht mit dem Erbrochenem verschmiert sind.

»Das wirst du mir büßen. Das werde ich dir niemals vergessen, meine heilige Tracht zu besudeln«, brüllt die alte Frau aus voller Kehle, während sich Sascha mit einem Taschentuch das Erbrochene aus dem Gesicht wischt.

»Steh auf und komm sofort mit«, befiehlt sie ihm laut schreiend, „du bekommst von mir eine Tracht Prügel, die du in deinem ganzen Leben niemals vergessen wirst!«

Bevor Sascha überhaupt die Möglichkeit hat, aufzustehen, packt ihn Schwester Emanuela am Kragen und zerrt ihn aus dem Speisesaal. Schwester Sabine dreht sich wieder um und sieht, wie beide den Speisesaal verlassen.

»Was macht Schwester Emanuela nun mit Sascha?« fragt ein Junge Michael.

»Die geht mit ihm in ihr Schlafzimmer«, antwortet Michael. »Sie wird ihm den nackten Po mit dem Rohrstock verhauen.«

Der Junge zuckt zusammen. Betroffen schaut er Michael an.

Mit Wucht schiebt Schwester Emanuela Sascha in ihr Zimmer und schließt die Tür ab. Sascha steht mitten im Raum und zittert am ganzen Körper. In dem Zimmer befindet sich ein Bett sowie ein Nachttisch und ein Schrank. Auf dem Nachttisch nimmt er Symbole der christlichen Macht wahr: eine Statue der Jungfrau Maria, umgeben von einem Rosenkranz, und den Rohrstock. Auch auf dem Boden sieht er solch ein Symbol stehen: ein großes Kreuz mit einer Jesusfigur.

»Zieh sofort deine Hose und Unterhose runter!« hört er Schwester Emanuela plötzlich schreien.

Sascha zuckt zusammen und fängt wieder an zu weinen.

»Schwester Emanuela«, fleht er, »bitte tun Sie mir nichts.«

»Bürschchen! du wirst mir sofort gehorchen«, fordert sie ihn, in der Sprache mahnend und eindringlich, auf.

Schwester Emanuela schaut ihn böse an und nimmt die Angst, die sich in seinem Kindergesicht widerspiegelt, wahr.

»Zieh sofort die Hose runter, und leg dich mit den Bauch auf das Bett«, wiederholt sie noch einmal mahnend.

Ohne Widerstand zieht Sascha seine Hose und Unterhose herunter. Er legt sich, mit dem Bauch nach unten, auf das Bett und schließt die Augen. Die allmächtige Dienerin Gottes, deren Gesichtsausdruck regungslos ist, holt ihren Rohrstock vom Nachttisch und schlägt zu. Sascha, der seine Zähne fest zusammenpreßt, versucht die seinen Körper durchziehenden Schmerzen zu unterdrücken. Der Rohrstock zischt mehrmals durch die Luft und prasselt immer wieder auf seinen Hintern. Mit jedem Schlag bäumt sich sein Körper erneut vor Schmerz auf, jeder einzelne Muskel verkrampft sich erneut.

Sascha schafft es nicht mehr, die Schmerzen zu unterdrücken. Zunächst schreit er leise, dann immer lauter auf, bis seine verzweifelten Schmerzensschreie im Gruppenflur zu hören sind.

Michael, Stefan, Frank und ein paar andere Kinder stehen im Flur. Sie hören Saschas Schmerzensschreie und zucken vor Angst zusammen. Stefan hält sich die Ohren zu. Michael und ein anderes Kind kämpfen mit den Tränen. Frank schaut aus dem Fenster und weint. Und Schwester Sabine geht am Schwesternzimmer vorbei und hält sich, da sie die verzweifelten Schmerzensschreie nicht aushält, die Ohren zu.

Sascha öffnet die Augen und blickt auf das Kreuz, das an der Wand über dem Schwesternbett hängt. Er nimmt das schwere Atmen der alten Frau wahr und schaut sie an. Ihr Gesicht ist rötlich gefärbt, und von der Stirn ab fließt der Schweiß über ihre faltige Haut. Schwester Emanuela schreckt plötzlich kurz auf, denn sie sieht die Striemen auf Saschas Hintern. Sascha, der wie leblos auf dem Bett liegt, fällt in Ohnmacht. Die alte Frau schreckt erneut auf und eilt aus dem Zimmer. Sie gibt Fräulein Jung ein Handzeichen, die ihr ins Schwesternzimmer folgt. An Händen und Füßen tragen sie Sascha, der immer noch ohnmächtig ist, in den Schlafsaal und legen ihn in sein Bett. Dann verlassen sie den Schlafsaal.

Sascha durchlebt einen schlimmen Traum.

Er befindet sich auf einer großen Wiese. Vor sich sieht er drei Kreuze, die nebeneinander stehen. Das Kreuz in der Mitte ist das größte. An den Kreuzen sind Männer angenagelt, nur mit einem Lendenschurz bekleidet. Sascha schaut sich der Reihe nach alle an. Seine Augen bleiben am mittleren Kreuz haften, und er erkennt Jesus, der mit schmerzverzerrtem Gesicht auf ihn herabblickt. Vor Jesus steht ein Mann, der ihn auspeitscht. Jesus, dessen Körper voller Striemen und Wunden ist, schreit vor Schmerzen laut auf. Sascha hört ihn laut schreien: »Vater, vergib ihnen, denn sie wissen nicht, was sie tun!«

Sascha wacht schweißgebadet in seinem Bett auf. Er spürt den brennenden Schmerz auf seinem Hintern. Sein Gesicht verzerrt sich vor Schmerz. Mit einer Hand geht er an den Po und fühlt die Striemen.

Erst jetzt bemerkt er Frank, der am Bettrand sitzt und mit einer Hand über sein Gesicht streichelt.

»Ich hasse Schwester Emanuela!« flüstert Frank. »Hat sie dich mit dem Rohrstock geschlagen?«

Sascha antwortet ihm nicht. Er streift die Bettdecke beiseite und zieht seine Hose etwas herunter. Frank, der eine kleine Taschenlampe in der Hand hält, schaltet sie an und sieht mehrere Striemen. Beide hören plötzlich ein ihnen bekanntes Geräusch. Schritte. Frank schaltet die Taschenlampe aus. Die Schritte nähern sich. Und plötzlich steht Schwester Emanuela in voller Lebensgröße mitten im Türrahmen. Sascha und Frank haben plötzlich das Gefühl, als würden vor Angst ihre Herzen aufhören zu schlagen. Sie bewegen sich nicht in der Hoffnung, daß Schwester Emanuela nicht das Licht anmacht. Frank entschließt sich, ganz schnell zu seinem Bett zu laufen, doch es ist zu spät, der Schlafsaal ist durch das Licht hell erleuchtet.

Schwester Emanuela schaut auf die beiden Kinder. Ihr Gesicht wirkt erstarrt und verfärbt sich rötlich. Ohne ein Wort zu sagen, geht sie mit schnellen Schritten auf die Kinder zu und bleibt vor ihnen stehen. Sascha und Frank blicken ängstlich zu ihr hoch und sehen den Rohrstock in ihrer Hand. Sie schaut mit wütenden Augen von oben auf die Kinder herab. Sascha sieht ihre Hand, die sich auf ihn zu bewegt und spürt sie am Ohr. Er gibt keinen Ton von sich und zeigt auch keine körperliche Regung.

Schwester Emanuela, die sich nun Frank zuwendet, schaut ihm in die Augen und greift nach seiner Hand. Frank zittert am ganzen Körper und fängt an zu weinen. Er hat das Gefühl, als würden sich die Füße weigern, seinen Körper in Bewegung zu setzen. Frank kämpft mit den Füßen und schafft es, sie in Bewegung zu setzen. Gehorsam folgt er der Schwester Emanuela.

Kurze Zeit später hört Sascha Franks laute Schmerzensschreie. Er erträgt die Schreie nicht, zieht die Bettdecke über den Kopf. Doch die Schmerzensschreie durchdringen erbarmungslos die dicke Bettdecke. Sascha fängt an zu weinen.

Plötzlich verstummen Franks Schreie. Schluchzend kommt er in den Schlafsaal und geht in sein Bett. Sascha wagt es, das Bett zu verlassen und geht zu Frank, um ihn zu trösten. Durch das Mondlicht, das auf Frank fällt, sieht er dessen verweintes Gesicht.

»Frank, hat sie dich auch mit dem Rohrstock geschlagen?«

Frank bringt kein Wort über die Lippen. Er zieht die Bettdecke über das Gesicht und weint leise vor sich hin. Sascha wartet, bis Frank eingeschlafen ist.

Kaum ist er in seinem Bett, erscheint die allgegenwärtige, allmächtige Schwester Emanuela. Mit schnellen Schritten geht sie gezielt auf Frank zu und weckt ihn. Frank schreckt auf und hört ihre Stimme.

»Hast du dein Nachtgebet gesprochen?«

Bevor Frank antworten kann, fordert Schwester Emanuela ihn im harten Ton auf: »Ich befehle dir, sofort aufzustehen, dich hinzuknien, deine Hände zu falten und zu beten!«

Frank steht auf, kniet sich neben sie nieder und faltet die Hände. Mit leiser Stimme fängt er an zu beten, während sein Körper vor Angst zittert.

»Herr, ich danke dir, daß du diesen Tag zu Ende gebracht hast. Ich danke dir, daß du Leib und Seele zur Ruhe kommen ließest. Deine Hand war über mir und hat mich behütet und bewahrt.«

»Bete gefälligst so laut, daß ich dich verstehen kann!« unterbricht sie ihn.

Frank schaut zu ihr hoch und betet mit lauter und ängstlicher Stimme weiter.

»Vergib alles Unrecht dieses Tages! Hilf mir, daß ich allen vergeben kann, die mir Unrecht und Böses getan haben. Ich will in Frieden unter deinem Schutz schlafen. Beschütze mich vor den Feinden der Nacht! Ich bin dir willig und befehle dir meinen Leib und meine Seele!«

21 Auf dem Heimvorplatz prüft Schwester Emanuela »ihre« Gruppe. Die Kinder stehen, Schulter an Schulter, stramm in Reih und Glied. Sie blicken alle zu ihr hoch. Mit militärischen Schritten schreitet sie die Front ab und schaut sich jeden einzelnen von oben herab genau an: Die Kindergesichter sind leblos. Kein Kind bewegt sich, alle schweigen.

Schwester Emanuela bleibt vor Stefan breitbeinig stehen und schaut ihm mit brutaler Strenge von oben herab ins Gesicht.

»Nimm Haltung an!«

Stefan zuckt vor Angst zusammen.

»Ihr bildet jetzt alle wie immer Zweierreihen! Na los, wird's bald!«

Die Kinder bilden wie befohlen zwei Reihen. Schwester Emanuela geht an den Anfang des Zuges.

»Marsch, los geht's!« schreit sie laut im militärischem Ton.

Wie befohlen setzen sich die Kinder in Bewegung und gehen am Friedhof vorbei zum Waldweg. Sascha und Frank gehen am Ende des Kinderzugs. Über den Köpfen der anderen hinweg sieht Sascha den Schleier von Schwester Emanuela, die mit großen militärischen Schritten vorneweg schreitet.

»Du, das ist wie beim Militär!« flüstert Sascha Frank zu.

Frank lächelt und haucht Sascha ins Ohr: »Sascha, jetzt ist der Moment sehr günstig abzuhauen! Los jetzt!«

Beide entfernen sich von der Gruppe und laufen in den Wald.

Vom Weg her hören sie plötzlich als Echo die allgegenwärtige Stimme der Schwester Emanuela.

»Kommt ihr auf der Stelle zurück! Wenn ihr nicht sofort zurückkommt, gibt es eine Tracht Prügel, an die ihr euch ein Leben lang erinnern werdet!«

Sascha und Frank rennen und rennen und nehmen das Geschrei kaum noch wahr. Auf einer Lichtung bleiben sie erschöpft stehen und schauen hinter sich, doch niemand hat sie verfolgt. Vor sich sehen sie einen See und lassen sich auf eine Wiese fallen. Sascha nimmt einen Daumen in den Mund und schließt die Augen. Frank greift nach einem Grashalm und geht mit ihm über Saschas Gesicht. Und Sascha öffnet die Augen und fängt an zu lachen.

»Ich sehe dich nach langer Zeit wieder einmal lachen«, flüstert Frank ihm ins Ohr, »so gefällst du mir am besten!«

»Frank«, erwidert Sascha liebevoll, »ich habe eine große Angst davor, irgendwann nicht mehr lachen zu können!«

Er schaut zu einem Baum hoch und sieht Vögel. Er beobachtet, wie einige von ihnen wegfliegen.

»Man müßte ein Vogel sein. Ein Vogel ist frei«, flüstert er mit trauriger Stimme. »Ein Vogel kann überall hinfliegen! Als Vogel würde ich weit, weit wegfliegen und niemals zurückkommen!«

Frank kitzelt Sascha, der laut auflacht und versucht, die »Angriffe« abzuwehren. Auch Sascha fängt an, Frank zu kitzeln. Dann raufen beide liebevoll miteinander und rollen über die Wiese. Sie halten sich ganz fest umschlungen und schauen sich in die Augen.

Frank kann es gar nicht erwarten, in die Stadt zu gehen.

»Sascha, ich will in die Stadt. Ich will sie endlich sehen, diese Stadt. Ich will wissen, was für Menschen dort leben.

Und andere Kinder will ich sehen: lächelnde, glückliche und lebendige Kinder!«

Sascha schaut zum Himmel.

»Ich war noch nie in einer Stadt. Was ist eine Stadt?« fragt er Frank neugierig. »Wie sieht sie aus? Wie sehen die Menschen dort aus?«

»Sascha, ich war auch noch nie in einer Stadt. Meine Oma hat mir einmal erzählt: In einer Stadt gibt es viele, viele Häuser. Dort leben ganz viele Menschen. Und viele Autos fahren dort auf den Straßen.«

Sascha und Frank machen sich auf den Weg, und gelangen auf einen Weinberghang.

»Schau mal«, ruft Frank voller Begeisterung aus, »da unten ist die Stadt und der Rhein! Die Schiffe und die Häuser sehen so klein aus.«

Sie gehen den Hang hinunter und erreichen die Stadt. Die Straßen sind voller Menschen. Sascha und Frank sind neugierig und ängstlich. Sie versuchen, sich durch die große Menschenmenge hindurchzuarbeiten. Beide schauen zu den Erwachsenen hoch. Dann sehen sie Kinder, an den Händen ihrer Eltern; sie hören, wie Eltern mit ihren Kindern schimpfen; sie sehen eine Mutter, die ihrem Kleinkind einen Klaps auf den Po gibt. Das Kind schreit auf. Eine andere Mutter zerrt ihr Kind an der Hand durch die Menschenmenge. Das Kind fängt an zu schreien.

»Frank, so glücklich scheinen die Kinder auch nicht zu sein. Siehst du, wie sie weinen und schreien! Vielleicht geht es denen genauso schlecht wie uns! Sie werden von ihren eigenen Eltern geschlagen. Frank, ist das die Freiheit? Die Freiheit, von der wir träumen und nach der wir uns so sehr sehnen!«

Auf dem Marktplatz sehen sie einen Obststand.

»Sascha, ich habe Hunger! Unterhalte dich mit dem Mann dort am Obststand. Ich versuche, Obst zu besorgen.«

Sascha unterhält sich mit dem Obstmann.

»Die Bananen dort, was kosten die?«

Der Obstmann lächelt Sascha an.

»Das Pfund kostet drei Mark vierzig!«

Sascha beobachtet Frank und sieht, wie er zwei Bananen und eine Birne in seiner Jacke verstaut.

Beide entfernen sich vom Obststand und gehen zum Rhein.

Sie setzen sich auf eine Bank am Rheinufer und sehen, wie die Sonne langsam am Horizont untergeht. Sascha ist fasziniert vom Sonnenuntergang, der sich in seiner ganzen Pracht im Wasser widerspiegelt.

Während sie das Obst essen, schauen sie zu den Schiffen. Ein paar Bänke weiter sehen sie ein junges Pärchen, daß ganz zärtlich miteinander knutscht. Sascha schaut dem Liebespaar völlig gehemmt zu. Er sieht, wie sie sich in den Armen liegen und zärtlich küssen und streicheln.

»Sascha, hättest du auch gerne eine Freundin?« fragt Frank ihn neugierig. »Würdest du die auch so liebevoll küssen und streicheln?«

»Ich weiß nicht! Ich weiß gar nicht, wie ein Mädchen fühlt, ob sie auch so fühlt wie ein Junge! Mit Jungs habe ich keine Probleme, aber mit Mädchen?«

Sascha lächelt Frank liebevoll an und fährt fort: »Frank, es ist komisch: Wir Jungen dürfen zu den Mädchen keinen Kontakt haben und die Mädchen nicht zu uns!«

Sascha und Frank sind müde. Sascha legt den Kopf auf Franks Schoß und nimmt den Daumen in dem Mund. Sie schlafen beide ein.

Durch ein kräftiges Rütteln werden Sascha und Frank wach und schrecken auf. Es ist frühmorgens. Sie blicken direkt in das Gesicht eines Polizeibeamten. Sascha schaut nach hinten und sieht einen zweiten Polizisten. Frank reagiert sofort.

»Sascha, los, hau ab!«

Bevor der Polizist, der vor ihnen steht, reagieren kann, springt Frank auf und rennt davon. Sascha reagiert zu spät, die Polizisten sind schneller.

»Halt! Stehenbleiben!« schreit einer von ihnen.

Sie holen Sascha ein und halten ihn fest. Einer der Polizisten, ein älterer Mann, ist ganz außer Atem. Er schnauft laut und wischt sich mit einem Tuch die verschwitzte Stirn ab. Sascha schaut Frank hinterher, der für ihn mit jedem Meter, mit dem er sich weiter entfernt, immer kleiner wird, bis er nicht mehr zu sehen ist. Sascha bemerkt, daß der ältere Polizist ihn mit einem väterlichen Blick anschaut.

»Wie heißt du?« fragt ihn der Polizist höflich.

Sascha schaut ihn ängstlich an und bekommt vor Angst den Mund nicht auf.

»Mein Junge, du brauchst vor der Polizei keine Angst zu haben! Wie heißt du?«

Sascha, der anfängt zu zittern, bekommt den Mund immer noch nicht auf. Langsam verliert der Polizist die Geduld.

»Sag mir sofort deinen Namen und wo deine Eltern wohnen!«

Sascha fängt an zu weinen.

»Ich heiße Sascha Hesse und bin ein Heimkind«, antwortet er mit leiser Stimme.

Der Polizist ist erstaunt.

»Du bist ein Heimkind? Ein kleiner Ausreißer? Du bist sicherlich aus dem ›Heim der traurigen Kinder‹ ausgerissen?«

Sascha nickt stumm. Die Polizisten nehmen ihn in ihre Mitte und gehen mit ihm zum Polizeirevier.

Im Polizeirevier schaut sich Sascha um und sieht drei Polizeibeamte, die hinter ihren Schreibtischen sitzen und Büroarbeiten verrichten. Ein vierter Polizist vernimmt einen älteren Mann.

Der väterliche Polizist holt einen Stuhl und bittet Sascha mit einer Handbewegung, auf ihm Platz zu nehmen. Sascha setzt sich artig hin.

»Mein Junge, warum bist du aus dem ›Heim der traurigen Kinder‹ ausgerissen?« fragt er ihn.

»Im Heim werden wir Kinder geschlagen!« antwortet Sascha mit leiser Stimme.

Der Polizist schaut Sascha mit weit geöffneten Mund an, ihm fehlen einige Sekunden lang die Worte.

»Was sagst du da? Wer schlägt euch?«

»Schwester Emanuela!«

Der Polizist reibt sich mit einer Hand die Stirn und schaut Sascha mißtrauisch an.

»Schwester Emanuela? Sagst du auch die Wahrheit?«

»Ja, ich sage die Wahrheit!«

Der Polizist nimmt den Telefonhörer in die Hand.

»Ich werde jetzt das Heim benachrichtigen! Dazu bin ich verpflichtet!«

Sascha springt vom Stuhl auf, rennt auf den Polizisten zu und umklammert ihn weinend.

»Bitte, bitte, rufen Sie nicht im Heim an. Ich will nicht mehr dorthin. Ich will zu meiner Mutter!«

Der Polizist befreit sich ohne Gewaltanwendung aus Saschas Umklammerung, wobei ihm der Telefonhörer aus der Hand fällt, und stößt ihn ungewollt nach hinten. Sascha, der auf den Boden fällt, kniet vor dem Polizisten nieder und faltet seine Hände.

»Bitte, bitte, ich will nie mehr ins Heim zurück!«

Der Polizist bekommt Mitleid und geht mit einer Hand über Saschas Haar. Sascha blickt zu ihm hoch, und der Polizist schaut in seine flehenden Kinderaugen.

Der Polizist greift zum Telefonhörer, der neben dem Schreibtisch herunterhängt, und wählt die Nummer des Jugendamts.

»Guten Tag, Frau Schneider, hier ist das Polizeirevier 1, Becker ist mein Name. Ich habe hier einen Jungen namens Sascha Hesse, der aus dem ›Heim der traurigen Kinder‹ ausgerissen ist. Er will zu seiner Mutter. Bitte kommen Sie vorbei. Bis gleich!«

Dann schaut er mitleidig zu Sascha.

»Du brauchst keine Angst zu haben, gleich kommt ein Fräulein vom Jugendamt. Die kümmert sich um dich.«

Der Polizist setzt sich hinter seinem Schreibtisch und holt ein leeres Papier aus einer Schublade. Das Papier spannt er in die Schreibmaschine und fängt an zu tippen. Sascha sitzt wieder zusammengekauert und weinend auf dem Stuhl.

Frau Schneider vom Jugendamt erscheint auf dem Polizeirevier. Sie geht auf den Polizisten zu und deutet auf Sascha.

»Guten Tag! Ich bin Frau Schneider vom Jugendamt. Ist das der kleine Ausreißer?«

Der Polizist nickt.

»Der Junge scheint Angst vor dem Heim zu haben«, berichtet er Frau Schneider, »er will zu seiner Mutter zurück. Er spricht von Schlägen und nennt in diesem Zusammenhang den Namen Schwester Emanuela.«

»Schwester Emanuela?« wiederholt Frau Schneider, während sie auf Sascha zugeht.

»Sascha, ich bin Frau Schneider vom Jugendamt. Du brauchst keine Angst zu haben. Ich habe deine Mutter angerufen, die wird bald hier sein.«

Frau Schneider erinnert sich plötzlich daran, daß sie mit Sascha schon einmal konfrontiert wurde. Damals war dieser noch ein Kleinkind. Sie macht dem Polizisten gegenüber eine Handbewegung, der den Wink versteht und ihr in das Nebenzimmer folgt. Hier wird Frau Schneider in der Sprache deutlicher.

»Es könnte sein, daß es gleich, wenn Saschas Mutter da ist, zu einer Katastrophe kommt. Die Mutter hat Sascha als Kleinkind schwer mißhandelt und sich seit seinem ersten Lebensjahr nicht mehr um ihn gekümmert. Ich habe sie trotzdem angerufen; möglicherweise hat sie sich im Laufe der Jahre positiv verändert, so daß wir Sascha in ihre Obhut entlassen können.«

Betroffen schaut der Polizist Frau Schneider an und schüttelt den Kopf. Er will mehr wissen.

»Frau Schneider, Sie sagen: Saschas eigene, leibliche Mutter hat ihn schwer mißhandelt, als er noch ein Kleinkind war. Können Sie etwas konkreter werden?«

»Sascha war damals noch ein Kleinkind! Als wir von seiner Oma benachrichtigt wurden, fanden wir ihn nackt in seinem Bettchen.«

Während Frau Schneider, deren Stimme große Betroffenheit ausdrückt, leise weiterspricht, schaut sie den Polizisten an.

»Ich höre heute noch seine Schreie! Sein Körper war voller Hämatome. In seinem Kinderzimmer stank es nach Kot und Urin. Das Zimmer glich einer Müllhalde. Sascha war damals dem Tode sehr nahe: Nur durch den Einsatz der Notärzte konnte er überleben! Wir haben ihn damals in einem Kinderheim untergebracht.«

»Frau Schneider, wie ist es dann erklärlich, daß der Junge zu seiner Mutter will?« fragt der Polizist.

Frau Schneider blickt durch eine Glastür auf Sascha und antwortet ihm.

»Sascha hat als Kleinkind diese Zeit des Grauens verdrängt, um psychisch überleben zu können. Das kostet eine große Kraft, gerade für ein Kleinkind. Durch das erfolgreiche Verdrängen kann Sascha seine Mutter wieder so sehen, wie er sie erlebt hat, bevor sie ihn schweren Mißhandlungen ausgesetzt hat: als liebenswerte Mutter. Er sieht in ihr wieder die geliebte Mutter. Natürlich kann irgendwann einmal der Tag kommen, wo alles wieder aufbricht, wo er sich wieder erinnert an diese grauenvolle Zeit.«

Die Tür zum Polizeirevier geht auf, und Saschas Mutter, eine junge schöne Frau mit langem blondem Haar, steht im Türrahmen. Das Gesicht ist geschminkt, und die Augen sind auf ihren Sohn gerichtet. Sascha blickt ihr in die Augen. Dann springt er vor Freude mit weit ausgestreckten Händen vom Stuhl und läuft auf sie zu. Die Mutter erhebt blitzschnell eine Hand, stürzt sich auf ihren Sohn und gibt ihm eine Ohrfeige. Irritiert und sprachlos schaut Sascha zu ihr hoch und geht mit einer Hand an sein Ohr.

»Was soll ich mit dieser Brut? Schickt ihn zurück, wo er hingehört! Und anständig durchprügeln sollen sie das Miststück, daß er sich bloß nicht einfallen läßt, noch mal abzuhauen! Nichts als Ärger mit dem Kerl. Los, bringt ihn weg!« hört Sascha die Mutter sagen.

Sascha fängt an zu weinen und schreit aus voller Kehle:

»Mama, Mama, ich habe mich so sehr nach dir gesehnt! Ich will zu dir! Ich liebe dich! Laß uns wieder eine glückliche Familie sein!«

Die Mutter sagt kein Wort mehr und schaut Sascha verächtlich an. Sie will sich von ihrem Sohn abwenden, doch Sascha umklammert sie blitzschnell.

»Mama, Mama, bitte laß mich hier nicht alleine zurück!« schreit er noch lauter, und seine Schreie hallen durch das ganze Polizeirevier. »Ich will für immer bei dir bleiben! Ich bin doch dein Sohn!«

Saschas Mutter greift mit ihren Händen nach den Händen ihres Sohnes und versucht, sich aus seiner Umklammerung zu befreien. Auch ihre lauter werdende Stimme hallt durch das Polizeirevier.

»Du Mißgeburt, nimm endlich deine Pfoten von mir! Du bist nicht mehr mein Sohn!«

Frau Schneider und der Polizist stehen fassungslos im Raum. Ihre Gesichter zeigen, wie entsetzt sie sind. Frau Schneider geht auf die beiden zu und versucht, die Mutter aus Saschas Umklammerung zu befreien.

»Sascha, bitte, laß deine Mutter los!«

Sascha reagiert nicht. Frau Schneider nimmt behutsam seine Hände und befreit die Mutter aus der Umklammerung.

Stumm steht Sascha vor seiner Mutter, die sich umdreht und, ohne ein Wort zu sagen, das Polizeirevier verläßt. Plötzlich schreit Sascha erneut laut auf und läuft ihr hinterher.

»Mama, Mama«, seine Stimme drückt Hoffnung, aber auch Verzweiflung und Hoffnungslosigkeit aus, »bitte, verlaß mich nicht! Ich bin doch dein Sohn, dein einziges Kind!«

Frau Schneider und der Polizist reagieren sofort. Nach ein paar großen Schritten hat der Polizist Sascha eingeholt und hält ihn fest. Mit Händen und Füßen wehrt sich Sascha, doch er hat keine Chance. Aus den großen Händen des Polizisten kann er sich nicht befreien. Entsetzt schaut Frau Schneider

der Mutter hinterher und geht auf Sascha und den Polizisten zu. Während der Polizist Sascha losläßt, nutzt dieser die Chance und läuft seiner Mutter hinterher.

»Mama, Mama, bitte nimm mich mit nach Hause!«

Die Mutter dreht sich hastig um und sieht ihren Sohn auf sich zulaufen. Sie beschleunigt ihre Schritte. Sascha holt sie ein und stürzt dabei zu Boden. Mit seinen Händen greift er blitzschnell die Beine der Mutter und krallt sich an diese fest.

»Laß mich sofort los!« herrscht sie ihn an. »Hast du gehört: Laß mich sofort los, du Mißgeburt!«

Frau Schneider und der Polizist sind jetzt bei Saschas Mutter und befreien sie aus dessen Umklammerung. Der Polizist hebt Sascha vom Boden auf und hält ihn fest. Die Mutter schaut den Polizisten böse an, geht schweigend zu ihrem Auto und steigt ein. Sascha schaut ihr nach und sieht, wie sie mit dem Wagen davonfährt.

Frau Schneider nimmt Sascha in die Arme und versucht, ihn zu trösten.

»Sascha, was du hier erlebt hast, tut mir sehr, sehr leid! Mein Junge, mir bleibt nichts anderes übrig: Ich muß dich ins Heim zurückbringen.«

Aus ihrer Tasche holt sie ein Taschentuch und wischt die Tränen aus Saschas Gesicht, während er sie traurig anschaut.

»Ich will nicht zurück ins Heim, niemals!« schluchzt Sascha.

Betroffen und mitfühlend schaut Frau Schneider ihn an.

»Ich muß dich leider zurückbringen! Ich sehe keine andere Möglichkeit! Ich werde dich natürlich dorthin begleiten und mit Schwester Emanuela reden.«

»Junge«, verabschiedet sich der Polizist von Sascha, »laß den Kopf nicht hängen. Es wird schon alles wieder gut werden!«

Schwester Emanuela steht an der Eingangstür des Heimes und blickt auf die Straße. Sie sieht einen Wagen, der auf sie zufährt und erkennt Sascha auf dem Rücksitz. Mit einem Lächeln im Gesicht geht sie mit schnellen Schritten auf das Auto zu. Frau Schneider und Sascha schauen durch die Frontscheibe zu ihr hoch und steigen aus dem Wagen. Schwester Emanuela und Frau Schneider geben sich die Hand und stellen sich gegenseitig vor.

»Frau Schneider, Sie können ja nicht erahnen, was für große Sorgen wir uns gemacht haben!«

»Seien Sie froh«, erwidert Frau Schneider und schaut die alte Frau dabei mißtrauisch an, »daß dem Jungen nichts passiert ist. Es hätte ein Unfall oder ähnliches passieren können.«

Schwester Emanuela, der einen kurzen Moment lang die Worte fehlen, faucht Frau Schneider wütend an:

»Sie glauben doch nicht im Ernst, daß wir das einfach so hinnehmen werden! Der Junge wird seine gottgewollte und gottgerechte Strafe schon noch bekommen!«

Mitleidsvoll schaut Frau Schneider zu Sascha.

»Tun Sie bitte nichts, was Sie nicht vor Gott verantworten können«, erwidert sie Schwester Emanuela mit betroffener Stimme. »Gehen Sie bitte pädagogisch an den Fall heran. Prügel und Strafe sind keine pädagogischen Maßnahmen!«

Mitfühlend streichelt sie mit einer Hand über Saschas Haar.

»Der Junge wird schon seine Gründe für die Flucht gehabt haben«, fährt sie fort. »Im übrigen hat er eben seine Mutter gesehen, die ihn als ihren Sohn abgelehnt hat. Der Junge braucht jetzt Zuwendung und das seelsorgerische Gespräch.«

Schwester Emanuela blickt ihr entsetzt und zornig ins Gesicht.

»Ich verbitte mir solch einen Ton und derartige bösartigen Unterstellungen!« erwidert sie laut, in der Tonlage aggressiv und erregt. »Sascha, du kommst sofort mit mir!«

Hilfesuchend und hoffnungsvoll blickt Sascha zu Frau Schneider hoch.

»Frau Schneider«, flüstert er ihr verzweifelt zu, »ich will bei Ihnen bleiben. Ich will nicht ins Heim zurück!«

Frau Schneider hat Schwierigkeiten, ihre Tränen vor Sascha und Schwester Emanuela zurückzuhalten. Sascha schaut ihr in die Augen und bemerkt, daß sie mit den Tränen kämpft. Frau Schneider dreht sich um und wischt mit einem Taschentuch die Tränen aus ihrem Gesicht. Ohne ein Wort zu sagen, geht sie zum Wagen. Dann schaut sie sich noch einmal um und sieht Schwester Emanuela, die Sascha am Arm packt und ihn hinter sich her zerrt.

»Helfen Sie mir! Bitte!« ruft Sascha ihr hilfeflehend zu.

Er will sich losreißen, doch Schwester Emanuela hat ihn fest im Griff. Frau Schneider fährt mit dem Wagen davon.

22 Einige Kinder stehen im Gruppenflur herum. Ihre Augen sind auf Schwester Emanuela und Sascha gerichtet, die gerade auf die Gruppe zukommen. Die Kinder sehen, daß Sascha zittert, obwohl er mit großer Anstrengung versucht, es ihnen gegenüber zu verbergen. Sie spüren, fühlen die Angst, die sich in seinem Gesicht widerspiegelt. Die Angst, die Sascha ausstrahlt, macht vor ihnen nicht Halt. Sie überträgt sich auf die Kinder und fesselt und lähmt sie. Diese gottverdammte Angst, die sich immer weiter und immer tiefer in ihre Gefühle und Kinderseelen hineinfrißt. Wie angewurzelt stehen die Kinder da und sind, wie immer, wenn die Dienerin Gottes erscheint, zum Schweigen verurteilt. Das Schweigen und die Angst spiegeln sich auch in ihren Gesichtern wider.

Schwester Emanuela zerrt Sascha am Arm an den Kindern vorbei in ihr Schwesternzimmer und sperrt hinter sich die Tür zu.

Sascha steht zitternd in der Mitte des Zimmers und schaut mit ängstlichem Blick in das Gesicht dieser alten Frau. Mit ihren leblos wirkenden Augen, die von oben herab starr auf Sascha gerichtet sind und eine eisige Kälte ausdrücken, fesselt sie ihn an sich. Sascha schreckt in sich zusammen, und sein Herz klopft rasend schnell. Angstschweiß bildet sich auf seiner Stirn und rinnt über das Gesicht.

Ohne Vorwarnung schlägt Schwester Emanuela mit ihren zu Fäusten zusammengeballten Händen auf Sascha ein. Sascha geht in die Knie, faltet seine Hände und fleht: »Bitte hören Sie mit dem Schlagen auf! Gott, ich flehe dich an!«

oben solltest du dir Gedanken darüber machen, ob es nicht deine von Gott gewollte Pflicht ist, sich bei mir zu entschuldigen und Gott um Verzeihung zu bitten! Ich werde dafür sorgen, daß du zur Firmung nicht zugelassen wirst!«

Schwester Emanuela geht auf Sascha zu und packt ihn am Kragen. Mit ihm verläßt sie die Gruppe und geht durch das Treppenhaus die Stufen hoch zur Dachkammer. Während sie die Dachkammertür aufschließt, beobachtet sie ihn. Mit Wucht stößt sie ihn in die Kammer und schließt von außen ab. Sascha schaut sich um und sieht das verstaubte und mit Spinnweben überzogene Kreuz an der Wand. Er legt sich auf die Matratze und fängt an zu weinen. Nach einigen Minuten steht er wieder auf und geht zum Fenster, hinter dem sich das Gitter befindet, und schaut hinaus. Auf der Wiese sieht er Kinder Fußball spielen.

Nach einiger Zeit hört Sascha plötzlich ein Geräusch an der Tür und schreckt zusammen. Er fühlt die in ihm aufkommende Angst, die in jedes Glied seines Körpers vordringt, und fängt an zu zittern. Sascha drückt sich an das Fenster und blickt ängstlich zur Tür. Dann nimmt er das Geräusch eines Schlüssels wahr, der sich im Schloß dreht. Die Tür bewegt sich, und hinter der aufgehenden Tür steht die allmächtige Schwester Emanuela. Erneut schreckt Sascha zusammen und hält seine Hände vor das Gesicht. Ihre Stimme ist schneidend.

»Du begleitest mich jetzt auf die Gruppe und ziehst dir die Sonntagskleider an«, befiehlt sie ihm im lauten Ton. »Dr. Schulz wartet bereits auf dich. Ein Richter will mit dir sprechen.«

Sie schaut Sascha drohend und mahnend an.

»Du weißt sicherlich, was du ihm antworten darfst und was nicht! Haben wir uns verstanden?«

Sascha schaut sie ängstlich an und nickt stumm.

23 Sascha und Dr. Schulz stehen vor einem großen alten Gebäude. Auf einem Schild steht in großen Buchstaben geschrieben: Amtsgericht. Dr. Schulz öffnet die große, schwere Holztür, und beide treten ein. Sie laufen durch eine große Halle, in der sich viele Menschen bewegen, und gehen die Treppen hinauf. Sascha hat Angst vor diesen vielen Menschen und versucht, die Angst zu unterdrücken, doch es gelingt ihm nicht. Sein Herz schlägt rasend schnell, und er spürt den Schweiß, der sich auf seiner Stirn bildet. Von oben schaut er die Treppen hinunter und sieht zwei Polizisten mit einem Mann, dessen Hände mit Handschellen auf den Rükken gefesselt sind.

Dr. Schulz und Sascha betreten einen großen Gerichtssaal und bleiben in der Mitte des Saals stehen. Sascha schaut sich um und sieht ein großes, hohes Pult, hinter dem ein älterer Mann in einer schwarzen Robe sitzt. Er hat eine väterliche Ausstrahlung. Über ihm hängt ein großes Kreuz. Sascha blickt diesem alten Mann ins Gesicht und ahnt nicht, daß er Richter ist und gleich über das Kind Sascha verhandeln wird. »Im Namen des Volkes« wird dieser Mann über Saschas Freiheit oder Unfreiheit entscheiden.

Neben dem Richter sitzt eine Protokollantin, die die ganze Verhandlung schriftlich festhalten wird. Der Richter lächelt Sascha und Dr. Schulz höflich an und bittet sie zum Richterpult.

»Guten Tag, Herr Dr. Schulz! Nehmen Sie bitte dort an dem Tisch Platz!«

Sascha schaut sich den Richter, der in einer Akte blättert, und den Gerichtssaal genauer an. Der Richter richtet sich auf und blickt zu Dr. Schulz. Dann eröffnet er die Verhandlung.

»Es erscheint der Minderjährige Sascha Hesse aus dem ›Heim der traurigen Kinder‹ und der behandelnde Heimarzt Dr. Schulz.«

Mit einem väterlichen Blick schaut der Richter zu Sascha und lächelt. Er bemerkt, daß Sascha ängstlich ist und leicht zittert. Auch den Angstschweiß auf Saschas Stirn nimmt er wahr.

Dr. Schulz blickt auf ein Schild, das an einer Wand angebracht ist und auf dem geschrieben steht: »Die Würde des Menschen ist unantastbar!«

Der Richter fängt an, Sascha behutsam und einfühlsam zu befragen.

»Mein Junge, du brauchst keine Angst zu haben! Wie heißt du?«

Sascha schaut den Richter ängstlich und scheu an. Die Fragen des alten Mannes beantwortet er mit furchtsamer und zitternder Stimme.

»Ich heiße Sascha Hesse.«

»Wann bist du geboren?«

»Am 20. März 1975.«

Für ein paar Sekunden herrscht Stille. Dann fragt der Richter behutsam und einfühlsam weiter.

»Wo bist du geboren?«

»In Wiesbaden«

»Wie alt bist du?«

„Dreizehn Jahre.«

»Wieviel ist sieben und vier?«

»Elf.«

Der Richter steht auf und geht zu Sascha. Mit seiner zittrigen Hand streichelt er über Saschas Haar.

»Herr Dr. Schulz, bitte erklären Sie dem Gericht, warum eine weitere Heimunterbringung des Minderjährigen zwingend notwendig ist.«

Dr. Schulz holt aus seinem Aktenkoffer eine Akte und blättert in ihr. Dann blickt er zu Sascha und bewegt sich nervös auf dem Stuhl hin und her. Der Tag, an dem er das Kind Sascha sexuell mißbrauchte, lebt plötzlich in ihm auf.

Der Heimarzt erkennt seine eigenen Lippen wieder, die sich auf Saschas Lippen pressen. Und er sieht Sascha vor sich: dessen verzweifelte kindliche Gegenwehr, seinen Versuch, das Gesicht wegzudrehen. Dr. Schulz fühlt den eigenen Körper, der vor Erregung und sexueller Begierde zittert und sieht sein Gesicht, das voller Schweißperlen ist. Er spürt seinen Mund, die Lippen, die das Kindergesicht und den Kinderhals mehrfach küssen. Die zitternde Hand sieht er, die Saschas Hals festumklammert und die andere zitternde Hand, die den Reißverschluß seiner eigenen Hose öffnet und den Penis hervorholt. Die eigenen Augen erkennt dieser Mann, die Sascha gierig ins Gesicht blicken. Dr. Schulz hört wieder Saschas laute Hilfeschreie und seine eigene Stimme, die das Kind auffordert: »Nimm meinen Penis in deine Hände und reibe an ihm, aber kräftig!«

Der Richter bemerkt die geistige Abwesenheit des Arztes.

»Herr Dr. Schulz, haben Sie meine Frage verstanden?«

Irritiert schaut Dr. Schulz den Richter an.

»Ja, Herr Vorsitzender! Sascha ist mir als Heimarzt bekannt. Er leidet an einer Geistesschwäche im Sinne einer Debilität, eines Schwachsinns leichten Grades, und an Verhaltensstörungen.«

Dr. Schulz schaut kurz zu Sascha und versucht krampfhaft, ein Lächeln aufzusetzen.

»Das weitere Verbleiben des Minderjährigen liegt unbedingt in seinem fürsorgerischen Interesse. Sascha kann sich nicht frei entscheiden. Seine Kritik- und Urteilsfähigkeit ist erkennbar eingeschränkt. Im Wesen ist das Kind ängstlich, zurückhaltend, zeitweise sogar ablehnend und weinerlich.«

Dr. Schulz blickt zum Richter und fährt im kühlen, trokkenen Ton fort.

»Er leidet unter einer großen Gefühlskälte. Mit einer Heilung der wahrscheinlich *endogen* bedingten Geistesschwäche ist nicht zu rechnen! Der Junge ist jedoch bildungs- und erziehungsfähig, allerdings nur im Rahmen einer für nicht absehbaren Zeit langen Heimunterbringung mit Heimsonderschule. Nur hier kann mit einem günstigen erzieherischen und schulischen Erfolg gerechnet werden!«

Der Richter durchblättert die Gerichtsakte und massiert sich gleichzeitig mit einer Hand die Stirn.

»Der Junge macht auf mich nicht den Eindruck, als würde er an einer Geistesschwäche leiden!«

„Ohne dem Gericht zu nahe treten zu wollen«, erwidert Dr. Schulz sichtlich gereizt, aber in der Sprache überhöflich, »das kann ein Arzt sicherlich aus fachlicher Sicht besser beurteilen.«

Mit einem kritischen Blick schaut der Richter den Heimarzt an und bleibt ruhig und gelassen. Während er Dr. Schulz weiter befragt, macht er sich Notizen.

»Herr Dr. Schulz, besitzen Sie eine psychiatrische und neurologische Fachausbildung? Ich möchte Ihnen nicht zu nahetreten, doch Ihre ärztliche Stellungnahme hier bedeutet für den Minderjährigen auf unabsehbare Zeit eine möglicherweise jahrelange, wenn nicht gar eine lebenslange Heimunterbringung!«

Sprachlos schaut Dr. Schulz den Richter an. Die innere, aufkommende Wut steht ihm buchstäblich im Gesicht geschrieben, und er findet nur schwer Worte.

»Ich verfüge ... nicht über eine ... Fachausbildung. Aus eigenen, langjährigen Erfahrungen kann ich jedoch durchaus psychiatrisches Fachwissen aufweisen. Ich stehe aus ärztlicher wie auch aus persönlicher Sicht voll hinter jedem hier ausgesprochenen Satz. Die gesamte Erklärung kann ich mit meinem persönlichen und ärztlichen Gewissen voll verantworten!«

Nachdenklich blickt der Richter den Heimarzt an. Dann wendet er sich Sascha zu und schaut ihn lächelnd, doch sorgenvoll an.

»Sascha, gefällt dir das ›Heim der traurigen Kinder‹? Und bist du gerne dort?«

Sascha schaut irritiert und unsicher zu dem Richter und dann zu Dr. Schulz. Gleichzeitig ballt er seine Hände, die sich unter dem Tisch befinden, zu Fäusten. Sein Blick wendet sich von Dr. Schulz ab zu einem offenen Fenster. Er schaut zum Himmel und kann nicht verhindern, daß ihm die Tränen kommen. Der Richter, der das bemerkt, wird ungeduldig und folgt Saschas Blickrichtung.

»Mein Junge, du brauchst nicht zu weinen! Du brauchst auch keine Angst zu haben! Hast du meine Frage verstanden? Soll ich sie wiederholen?«

Der Richter blickt zu Dr. Schulz, der dem Blick nicht standhalten kann und wegschaut. Sascha antwortet dem Richter, während seine Stimme unsicher wirkt:

»Ich bin gerne dort und will auch dort bleiben!«

Mit einem kritischen Blick lehnt sich der Richter in seinem Stuhl zurück und verkündet folgenden Beschluß:

»In der Familienrechtssache, betreffend das minderjährige Kind Sascha Hesse, geboren am 20. März 1975 in Wiesbaden, zur Zeit im Sonderpädagogischem Zentrum ›Heim der traurigen Kinder‹, wird die durch Beschluß des Amtsgerichts vom 26. Mai 1981 – 13 VII 303/81 – dem Vormund erteilte vormundschaftliche Genehmigung zur Unterbringung des Minderjährigen in einer geschlossenen Anstalt aufrechterhalten, da die Gründe, die zur Genehmigung der Unterbringung geführt haben, nach wie vor fortbestehen ...«

Hier unterbricht der Richter plötzlich die Verkündung und schaut Dr. Schulz nachdenklich an.

»Herr Dr. Schulz, fühlen Sie sich als behandelnder Heimarzt möglicherweise befangen?«

Irritiert und verwirrt schaut der Heimarzt, der große Schwierigkeiten hat, die Selbstbeherrschung nicht zu verlieren, den Richter an.

»Diese Frage kann ich mit einem uneingeschränkten Nein beantworten«, antwortet er dann im ruhigen Ton, »ich fühle mich in keiner Weise befangen!«

Der Richter fährt in seiner Begründung des Beschlusses fort.

»Anläßlich der heutigen Anhörung des Minderjährigen und des behandelnden Arztes vor dem Amtsgericht wurde festgestellt, daß sich das psychische Zustandsbild des Minderjährigen nicht geändert hat. Er leidet an einer Geistesschwäche im Sinne einer Debilität und an Verhaltensstörungen. Er bedarf weiterhin der entsprechenden Behandlung und Betreuung in dem heilpädagogischen und geschlossenen ›Heim der traurigen Kinder‹.

Rechtsmittelbelehrung: Diese Entscheidung ist mit sofortiger Beschwerde anfechtbar. Die Beschwerde ist binnen zwei Wochen nach Bekanntmachung dieses Beschlusses beim hiesigen Amtsgericht schriftlich oder zu Protokoll der Geschäftsstelle anzubringen.«

Erleichtert lehnt sich der Richter in seinem Richterstuhl zurück und atmet schwer durch.

»Hiermit ist die Verhandlung beendet!«

Der Richter, die Protokollantin, Dr. Schulz und Sascha erheben sich. Mit einem traurigen Gesicht blickt der Richter zu Sascha.

»Mein Junge«, sagt er im väterlichen Ton, »Gott möge dich beschützen!«

Im Gerichtsflur geht der Richter auf Sascha zu und nimmt ihn beiseite.

»Sascha, ich habe Probleme, dir zu glauben, daß du dich im ›Heim der traurigen Kinder‹ wirklich glücklich fühlst und gerne da bist. Du kannst offen mit mir reden: Niemand erfährt hiervon!«

Sascha blickt traurig zu ihm auf. Dann richtet sich sein Blick auf Dr. Schulz, der am Fenster steht und beide beobachtet.

»Ich weiß nicht, ob ich Ihnen wirklich vertrauen kann«, antwortet Sascha dem Richter. »Mir ist noch kein Erwachsener begegnet, den man vertrauen kann!«

Sorgenvoll und mitleidig schaut der Richter ihn an.

»Sascha, glaube mir: Du kannst mir völlig vertrauen! Niemand erfährt vom Inhalt unseres Gespräches!«

»Na ja: Ich fühle mich in Wirklichkeit im ›Heim der traurigen Kinder‹ nicht wohl: Die Schwestern sind nicht gut zu uns! Sie schlagen und bestrafen uns für jede Kleinigkeit!«

Mit ernsten Blick schaut der Richter zu Dr. Schulz und dann wieder zu Sascha.

»Mein Junge, Gott möge dich beschützen!«

Der Richter gibt ihm die Hand und schaut noch einmal zu Dr. Schulz. Dann verabschiedet er sich von Sascha und geht den langen Gerichtsflur entlang. Sascha schaut ihm nach. Dr. Schulz geht, sichtbar nervös und angespannt, langsam auf Sascha zu.

»Was hat der Richter dich gefragt?« fragt er Sascha unsicher. Sascha geht an ihm vorbei, ohne die Frage zu beantworten.

Saschas Lebenslauf

Sascha wird im Frühjahr 1975 unehelich geboren. Er erblickt die Welt – und sein Weg durch die Heime ist unwiderruflich vorprogrammiert. Sein Vater, von Beruf Maurer, und seine Mutter, Hausfrau, leben völlig verarmt von der Sozialhilfe. Kurz nach Saschas Geburt verläßt der Vater die Familie. Die Mutter, als Kind von ihren Eltern mißhandelt, ist dieser Situation hilflos ausgeliefert. Hilfe von außen kann sie nicht erwarten. Ihre Wut, Hoffnungslosigkeit, Zukunftsangst läßt sie an Sascha aus: Sie vernachlässigt und mißhandelt das eigene Kind.
Das Jugendamt wird durch seine Oma, die alltäglich die Schmerzensschreie ihres Enkelkindes hört, eingeschaltet. Mit rund zwei Jahren kommt Sascha in ein katholisches Kinderheim. Sascha weiß von diesem Kinderheim nur Gutes zu berichten. Das Kind Sascha ist sechs Jahre alt, als eine Diplom-Psychologin sich anmaßt, bei ihm einen leichten Grad des Schwachsinns, nämlich *Debilität* zu diagnostizieren. Das vernichtende psychologische Urteil hat zur Folge, daß Sascha in ein sogenanntes – katholisches – heilpädagogisches Heim kommt. Dieses Heim wird von Nonnen geleitet. Hier durchlebt Sascha im Laufe seiner weiteren Kindheitsjahre die >Hölle auf Erden<.

Die Kindheit: Die natürliche Entwicklung der Bewegungsorgane und der Sinne, das beginnende Erkennen der Umwelt, das soziale Lernen, das Ausleben von Gefühlen – sprich: Emotionalität – wird >im Namen Gottes< durch die katholische Heimerziehung gehemmt, behindert, unterdrückt, abgetötet.

Statt liebevoller Zuneigung bekommt Sascha >im Namen Gottes< die von Sadismus geprägte körperliche und seelische Gewalt der Nonnen zu spüren.

Statt in Geborgenheit und Sicherheit lebt das Kind in einer Welt, die aus Gewalt, Angst, Hoffnungslosigkeit besteht; Schuldgefühle werden erzeugt und verinnerlicht. Statt Zärtlichkeit, Wärme und Hautkontakt, die ein Kind zum (Über-)Leben dringend braucht und die Sascha nicht bekommt, wird er brutal mit der Erwachsenen-Sexualität konfrontiert: Sascha wird vom Heimarzt sexuell mißbraucht.

Statt Fürsorge erlebt er militärische Zucht, Strenge, Disziplin, Isolation, Drangsalierung, Demütigung, Diskriminierung, Entwürdigung, Ablehnung, Verachtung und Herabsetzung.

Als Sascha versucht, bei einem Freund Zärtlichkeit, Wärme und Hautkontakt zu finden und beide von einer Nonne miteinander im Bett erwischt werden, schlägt und tritt sie auf die wehrlosen und hilflosen Kinder ein. Der Heimarzt verschreibt ihm das sexuell hemmende Mittel *Androcur*. Die >chemische Kastration< zeigt eine schnelle Wirkung: Saschas Libido zeigt einen völligen Stillstand.

Mit neunzehn wird Sascha in die »Freiheit« entlassen. Sascha ist voller Angst, Schmerz und Hoffnungslosigkeit. Er leidet an Vereinzelung, Unselbständigkeit und dem Nichtvorhandensein von Selbstvertrauen und Selbstbewußtsein. Die Welt >da draußen< macht ihm Angst. Er schafft es nicht, sich >da draußen< zurechtzufinden.

Sascha leidet an Kontakt- und Beziehungslosigkeit. Zweimal versucht er, sich das Leben zu nehmen. Zweimal wird er daran gehindert, endlich in Freiheit zu leben. Zweimal hindert man ihn daran, die nie gekannte und nie erlebte Ruhe und den eigenen Frieden zu finden.
Saschas Heimkarriere findet im Jahr seiner Heimentlassung, 1994, eine Fortsetzung: Durch mehrere strafbare Handlungen, darunter schwerer Raub und schwere Körperverletzung, wird er, nachdem alle anderen Erziehungsmittel innerhalb des Jugendstrafrechts ins Leere laufen, zu einer mehrjährigen Haftstrafe verurteilt.

24 Die Kirchenglocke verkündet ein großes christliches Ereignis, auf das sich viele ältere Kinder gefreut haben. Und das sich manche von ihnen zuvor in Monaten, Wochen, Tagen, Stunden, ja Minuten herbeigewünscht und herbeigezählt haben. Heute soll es christliche Wirklichkeit werden. Viele Jungen und Mädchen haben das große unwiderrufliche Glück, durch die Firmung die Vollendung der Taufe zu erfahren.

Den Kindern wurde immer wieder erklärt, die Firmung ist das Siegel und die Urkunde der Gotteskindschaft und der Indienstnahme für Christus. Durch das Sakrament der Firmung würden sie vollkommener mit der Kirche verbunden und mit einer besonderen Kraft des Heiligen Geistes ausgestattet sein. Und als Dank für die Firmung, die ihnen als großes Geschenk Gottes angekündigt wurde, seien sie absolut verpflichtet, den Glauben als wahre Zeugen Christi in Wort und Tat zu verbreiten und zu verteidigen.

Die Jungen und Mädchen stehen von der Eingangstür bis kurz vor dem Altar im Mittelgang in zwei Reihen. Die Mädchen tragen alle weiße Blusen und weiße Röcke. Die Jungen tragen schwarze Anzüge. Alle halten gottesfürchtig eine große brennende weiße Kerze in den Händen.

Während Schwester Berta beginnt, auf der Kirchenorgel zu spielen, bewegen sich die Firmlinge langsam nach vorne und reihen sich rechts und links vor den Altar auf.

Sascha, der nicht die göttliche Absolution für die Firmung erhalten hat, schaut mit Tränen in den Augen zu den Firmlingen. Der Bischof, der – gewissermaßen im Auftrag von Schwester Emanuela – dieses Urteil ›Im Namen Gottes‹ gegen Sascha erlassen, verkündet und vollstreckt hat, steht vor dem Altar und segnet die Firmlinge mit dem Weihrauchfaß. Und ein Meßdiener bewegt gleichzeitig die Glocken. Der Bischof übergibt einem Meßdiener das Weihrauchfaß, faltet seine Hände und schaut zum Kreuz.

Dann nimmt der Bischof von allen zusammen das Taufbekenntnis entgegen.

»Widersagt ihr dem Satan und all seiner Verführung?«

»Ich widersage!«

»Glaubt ihr an Gott, den Vater, den Allmächtigen, den Schöpfer des Himmels und der Erde?«

»Ich glaube!«

»Glaubt ihr an Jesus Christus, seinen eingeborenen Sohn, unsern Herrn, der geboren ist von der Jungfrau Maria, der gelitten hat und begraben wurde, von den Toten auferstand und zur Rechten des Vaters sitzt?«

»Ich glaube!«

»Glaubt ihr an den Heiligen Geist, die heilige katholische Kirche, die Gemeinschaft der Heiligen, die Vergebung der Sünden, die Auferstehung der Toten und das ewige Leben?«

»Ich glaube!«

Sascha, der aufmerksam zuhört, denkt über die Worte: ›Auferstehung der Toten‹ nach und bekommt es mit der Angst zu tun. Soll das etwa bedeuten, daß, wenn eine Schwester tot ist, sie wieder aufersteht und ihr christliches Werk im Namen Christi und der Nächstenliebe an den Kindern fortführt? Sascha schaut zum Bischof und sieht, wie dieser zum Altar geht, seine Augen schließt und sagt: »Wir wollen jetzt alle in der Stille beten.«

Alle knien sich nieder und falten die Hände. Dann herrscht plötzlich eine angstvolle Stille. Nach einiger Zeit unterbricht der Bischof die Stille und streckt seine Hände über die Firmlinge aus. Und während er sie einzeln anschaut, betet er laut.

»Allmächtiger Gott, Vater unseres Herrn Jesus Christus, du hast diese jungen Christen, unsere Brüder und Schwestern, in der Taufe von der Schuld Adams befreit, du hast ihnen aus dem Wasser und dem Heiligen Geist neues Leben geschenkt. Wir bitten dich, Herr, sende ihnen den Heiligen Geist, den Beistand. Gib ihnen den Geist der Weisheit und der Einsicht, des Rates, der Erkenntnis und der Stärke, den Geist der Frömmigkeit und der Gottesfurcht. Durch Christus, unseren Herrn. Amen.«

Der Bischof geht auf die Firmlinge zu und zeichnet jedem einzelnen mit Chrisam das Kreuz auf die Stirn. Dabei spricht er immer wieder dieselben Worte:

»Sei besiegelt durch die Gabe Gottes, den Heiligen Geist!«

»Amen!« erwidert jeder Firmling gottesfürchtig.

»Der Friede sei mit dir!« erwidert der Bischof jedem einzelnen.

25 Die Kinder sitzen beim Essen und haben noch ihre Anzüge von den kirchlichen Feierlichkeiten der Firmung an. Manche flüstern miteinander, doch das Geflüster geht in dem verschieden klingenden Klirren des Geschirrs und Bestecks unter. Schlagartig und zeitgleich schrecken die Kinder plötzlich auf, denn sie nehmen den dunklen, beängstigenden Ton der Kirchenglocke wahr. Angst und Sprachlosigkeit macht sich unter ihnen breit. Alle hören mit dem Essen auf. Einige legen das Besteck auf den Tisch, andere bewegen sich nicht mehr und halten Messer und Gabel fest in den Händen. Im Speisesaal ist es schlagartig still. Außer der Kirchenglocke ist kein Ton und kein Geräusch wahrnehmbar.

Die Kinder schauen alle zur Tür und sehen Schwester Emanuela und Schwester Sabine, die heute ganz in Schwarz gekleidet sind, im Türrahmen stehen. Den Gesichtern der Schwestern sieht man an, daß etwas ganz Schlimmes passiert ist. Beide weinen und wischen sich die Tränen mit einem Taschentuch aus dem Gesicht.

»Schwester Ilse . . .«

Schwester Emanuela holt tief Luft und ringt nach Worten.

». . . Schwester Ilse ist letzte Nacht von uns gegangen. Sie hat sehr gelitten. Es war kein friedliches Sterben.«

Die alte Frau hält inne und ringt wieder nach Worten. Sie schaut Fräulein Jung an.

»Steht bitte auf«, fordert Schwester Emanuela alle im leisen Ton auf, während sie ihre Hände faltet, »und faltet eure Hände zum Gebet für Schwester Ilse.«

Die Kinder stehen langsam auf und falten, wie auch Schwester Sabine und Fräulein Jung, die Hände. Schwester Emanuela, der die Tränen über das Gesicht laufen, betet mit bewegender, trauriger Stimme laut vor:

»Herr, unser Gott, du bist allen nahe, die zu dir rufen. Auch wir rufen zu dir aus Not und Leid. Laß uns nicht versinken in Mutlosigkeit und Verzweiflung, sondern tröste uns durch deine Gegenwart. Gib uns die Kraft deiner Liebe, die stärker ist als der Tod. Mit unseren Verstorbenen führe auch uns zum neuen und ewigen Leben.«

Nach dem Gebet fordert Schwester Emanuela die Kinder durch eine Handbewegung auf, wieder Platz zu nehmen. »Jetzt dürft ihr weiter essen! Wir werden, wie es auch alle anderen Gruppen tun, nach dem Essen von Schwester Ilse im Leichenschauhaus Abschied nehmen, alle!«

Stefan springt plötzlich vom Stuhl auf und rennt schreiend zur Tür. Schwester Emanuela reagiert sofort. Sie rennt ihm hinterher und bekommt ihn an den Haaren zu fassen. Mit voller Wucht zerrt die alte Frau ihn daran zu sich und schlägt ihm mit der Hand mitten ins Gesicht. Stefan schreit auf und fängt an weinen. Seine Nase blutet. Mit einer Hand faßt er dorthin und schaut sich die blutbeschmierte Hand an. Schwester Sabine steht fassungslos am Fenster.

»So nicht mein Kleiner, so nicht«, schreit Schwester Emanuela, »du wirst von Schwester Ilse genauso Abschied nehmen wie jeder andere hier im Saal auch! Wage sich ja keiner von euch, sich zu verstecken.«

Schwester Sabine schaut Schwester Emanuela sprachlos an und geht auf sie zu.

»Schwester Emanuela, es ist aus pädagogischer Sicht unverantwortlich, alle Jungen, gerade die Kleinen, ins Leichenschauhaus zu zwingen, um von der Toten Abschied zu nehmen!«

Ohne ein Wort zu sagen, schaut Schwester Emanuela ihre Mitschwester an und lächelt.

Die Kinder blicken zur Tür und sehen den Heimleiter und Frank, der mit Sascha zusammen aus dem Heim ausgerissen war und von der Polizei eingefangen worden ist. Ihre Augen richten sich auf Franks Backe, die angeschwollen ist, und sie nehmen das Blut wahr, daß aus seiner Nase tröpfelt.

Schwester Emanuela geht mit einem Lächeln im Gesicht auf Frank zu. Sie erhebt ihre rechte Hand und läßt diese auf seine geschwollene Backe niedergehen. Frank ist stumm und bleibt stumm.

»Kinder, was habe ich euch gesagt«, schreit die trauernde alte Frau laut durch den ganzen Speisesaal, »jeder, der abhaut, wird wieder eingefangen! Niemand hat die Chance, zu entkommen! Niemand!«

Der Geistliche nimmt Schwester Emanuela zur Seite.

»Die Polizei hat Frank aufgegriffen«, flüstert er ihr ins Ohr. »Ich habe mich entschlossen, den Jungen in ein anderes Heim unterzubringen. Sie wissen selbst: Der Junge ist für uns nicht mehr tragbar! Er stellt eine sittliche und moralische Gefahr für die anderen Kinder dar!«

Der Priester schaut zu Sascha.

»Und was Sascha betrifft, sehe ich auch für ihn hier keine Zukunft mehr, wenn er sich nicht ab sofort unterordnet!«

Dann blickt er mitleidig zu Frank.

»Schwester Emanuela, bitte, packen Sie sofort Franks Kleider und Wäsche zusammen. Er wird gleich abgeholt!«

Schwester Emanuela geht in den Schlafsaal und holt aus einem Schrank Franks Kleider und Wäsche. Zwischen der

Wäsche findet sie ein Bild und erkennt auf ihm Sascha. Ihr Gesichtsausdruck nimmt mitleidige Züge an, und sie blickt auf Frank, der auf dem Bett sitzt, und gibt ihm das Bild. Dann packt sie alles in einen Koffer.

Herr Müller kommt in den Schlafsaal und blickt wieder mitfühlend auf Frank.

»Frank«, klärt Herr Müller ihn auf, »ich habe mich entschlossen, dich in einem anderen Heim unterzubringen. Du bist für uns leider nicht mehr tragbar! Du bist für alle anderen Kinder eine sittliche und moralische Gefahr!«

Irritiert und hilflos blickt Frank in die Augen dieses Mannes, der breitbeinig, die Arme überkreuz, vor ihm steht.

Dann richtet er seinen Blick auf das Bild und fängt an zu weinen. Mitleidig schaut Schwester Emanuela zu ihm, und ihr Blick wirkt traurig.

»Frank«, sagt sie, und ihre Stimme verwirrt Frank, denn sie klingt plötzlich unerwartet liebevoll, »du darfst dich von deinen Kameraden verabschieden!«

Frank geht in den Speisesaal und bleibt in der Mitte des Saals stehen. Die Kinder sitzen alle sprachlos und bewegungslos an den Tischen. Sie blicken ihm ins verweinte Gesicht.

Sascha steht auf und läuft zu ihm. Beide umarmen sich, und Sascha fängt an zu weinen.

»Sascha«, schluchzt Frank laut, »die stecken mich in ein anderes Heim!«

Franks Worte bewirken bei einigen Kindern noch schrecklichere Angst und Traurigkeit.

Michael steht auf und fängt an zu weinen. Langsam geht er auf die beiden zu und blickt ihnen ins Gesicht. Dann verläßt er geknickt den Saal.

Sascha schaut Frank in die Augen.

»Frank, ich werde dich sehr vermissen! Ich liebe dich und werde dich immer lieben. Du wirst in meinem Herzen für immer einen Platz haben!«

Frank wischt Sascha die Tränen aus dem Gesicht und sieht, daß immer neue hinzukommen.

»Sascha, auch ich liebe dich! Auch du wirst für immer ein Teil meines Herzens sein! Ich werde immer an dich denken! Auf Wiedersehen!«

Frank schaut den Kindern alle einzeln in das leblose Gesicht: In einigen der Gesichter sieht Frank, als würde er in einen Spiegel blicken, seine eigene Angst, Trauer und den Schmerz. In den anderen Gesichter erkennt er Gleichgültigkeit und Gefühllosigkeit.

Mit trauriger Stimme verabschiedet er sich.

»Tschüs, auf Wiedersehen!«

Schwester Emanuela erscheint im Speisesaal und geht auf Sascha und Frank zu.

»Frank, wir müssen jetzt gehen«, erklärt sie ihm, und ihre Stimme wirkt immer noch liebevoll. »Der Wagen wartet schon!«

Frank und Sascha geben sich die Hand. Dann verlassen Schwester Emanuela und Frank den Speisesaal. Sascha folgt ihnen in den Flur und sieht, wie sie zum Ausgang gehen. Frank, der den Koffer trägt, blickt zurück und winkt Sascha zu.

Schwester Emanuela und Frank gehen über den Heimvorplatz auf einen Wagen zu. Neben dem Wagen steht Herr Müller und unterhält sich mit zwei Herren. Er stellt Frank den beiden Herren vor.

»Das ist Frank!«

Die beiden Männer geben Frank die Hand.

»Ich hoffe, du machst während der Fahrt keine Probleme, mein Freund!« sagt einer von ihnen.

Der andere Mann schaut Frank streng an.

Die Kinder, Schwester Sabine und Fräulein Jung stehen an den zahlreichen Fenstern im Gruppenflur und blicken hinunter zum Heimvorplatz.

Frank sieht sich das Heim, das er wegen der Tränen leicht verschwommen wahrnimmt, noch einmal an. Sein Blick bleibt an den Fenstern haften, aus denen die Kinder hinunterschauen. Frank winkt ihnen zu, und sie winken zurück. Einige von ihnen weinen.

Herr Müller und Schwester Emanuela geben Frank die Hand. »Frank«, mahnt ihn der Geistliche eindringlich, »strenge dich an und mache was aus deinem Leben, bevor es zu spät ist! Ich wünsche dir für deine Zukunft alles Gute! Mögen deine Wünsche und Hoffnungen in Erfüllung gehen!«

Schwester Emanuela, die Frank mitleidig anblickt, will ihn umarmen, doch er weicht zurück. Die alte Frau schreckt auf und will ihm tröstende Worte mit auf dem Weg geben. Aber es fällt ihr schwer, entsprechende Worte zu finden.

»Frank«, flüstert sie mit zittriger Stimme, »ich hoffe, dir hat es hier gefallen! Gott möge dich beschützen!«

Frank lächelt sie abfällig an und spuckt auf den Boden. Einer der Männer packt Frank an einer Schulter und schiebt ihn behutsam ins Auto. Aus dem Auto heraus blickt Frank noch einmal auf das Heimgebäude und zu dem Fenster, an dem Schwester Sabine und Sascha alleine stehen. Er winkt ihnen zu, und sie winken noch einmal zurück.

Dann fährt der Wagen los. Und mit ihm verschwindet Frank. Frank, den die Kinder in guter Erinnerung behalten werden; Frank, der immer zu ihnen gehalten hat; Frank, der unter der Gewalt von Schwester Emanuela mehr gelitten hat als manch andere Kinder; Frank, der im Gegensatz zu vielen anderen Kindern manchmal in der Lage war, Angst, Schmerzen, Traurigkeit und Hoffnungslosigkeit, aber auch Träume zu zeigen. Frank ist fort, und die Kinder, die noch Trauer empfinden können, weinen und trauern um ihn. Die Kinder blicken dem Wagen hinterher, der mit Frank hinter der Kurve verschwindet.

Franks Lebenslauf

Franks Eltern sind strenggläubige Katholiken, die jeden Sonntag in die Kirche gehen. Sie sind überglücklich, als Frank im Herbst 1973 das Licht dieser Welt erblickt. Da die Eltern arbeitslos sind und von der Sozialhilfe leben, kommt es immer wieder zum Streit. Beide führen einen Überlebenskampf, da die Sozialhilfe bereits kurz nach der Auszahlung verbraucht ist und es an allem fehlt. In dieser Armut, gepaart mit gegenseitigen Anwürfen, Aggressionen und Hoffnungslosigkeit verbringt Frank seine ersten drei Kindheitsjahre. Das Kind ist schlimmsten Mißhandlungen durch die eigenen Eltern, die in ihrer Kindheit selbst durch ihre Eltern Gewalt erfahren haben, hilflos und wehrlos ausgesetzt.
Durch Nachbarn alarmiert, die die Eltern immer wieder beim Schlagen ihres Kindes beobachtet haben, wird Frank ein Fall für das Jugendamt. Während intensiver Gespräche mit Frank kommt eine Diplom-Psychologin zu der Überzeugung, daß das Kind vom Vater nicht nur körperlich schwer mißhandelt, sondern auch mehrfach sexuell mißbraucht worden ist. Die Kindheit von Frank wird ab jetzt in Hunderten von Seiten in einem Aktendeckel mit Aktenzeichen festgehalten.
Das Jugendamt veranlaßt die sofortige Unterbringung in einem katholischen Kinderheim. Frank erlebt hier

zwei verschiedene Welten: Da ist eine Nonne, die liebevoll mit den Kindern umgeht, ihnen Zuneigung und Beachtung entgegenbringt. Und da sind die Nonnen, die für die Kinder nur Gefühlskälte, Gleichgültigkeit, Verachtung und Aggressionen übrig haben. Das Kind Frank, das in seinen ersten drei Lebensjahren schlimmste Prügel, Vernachlässigung, Ablehnung und sexuellen Mißbrauch in der Familie erfahren hat, wird auch hier sehr schnell mit der >Schwarzen Pädagogik<, der klerikalen (Heim-)Erziehung, auf das brutalste konfrontiert: Das Kind sieht weinende und schreiende Kinder, die auf ihren Stühlen sitzen, Kinder, deren Gesichter traurig sind; Kinder, die völlig apathisch mit bewegungslosem Blick ins Leere schauen.

Die Nonnen kennen kein Erbarmen: Ihre Unfähigkeit, gewaltfrei, gefühlvoll, liebevoll auf die ihnen anvertrauten Kinder zuzugehen und ihnen Wärme und Geborgenheit entgegenzubringen, kompensieren sie dadurch, daß sie die psychische und physische Gewalt – die sie oft selbst in der eigenen Kindheit erlebt und durchlebt haben – in all ihren Formen nicht nur verinnerlicht haben, sondern teilweise in sadistischen Gewaltorgien an den Hilflosen und Wehrlosen auslassen.

Frank selbst wird zum Opfer dieser Perversionen: Im Laufe der Zeit provoziert, erzwingt er die alltäglichen Prügel, die bei ihm zu einer masochistischen Abhängigkeit ausartet. Das Kind ringt geradezu nach körperlicher Nähe, die er glaubt dadurch ausleben zu können, daß Nonnen ihn verletzen, mißhandeln, körperliche Gewalt anwenden.

Die Nonnen merken sehr bald, daß sich Frank, seine Kinderseele, nicht völlig brechen läßt. Sie geben Frank in dem bewußten Glauben, daß dieses Kind vom Teufel besessen und für ihren Gott verloren ist, auf: Das Kind, das nach Auffassung des Heimleiters nicht mehr tragbar

ist und eine >sittliche und moralische Gefahr< für die anderen Kinder darstellt, wird in ein Erziehungsheim abgeschoben.
Nachdem Frank durch die klerikale Heimerziehung, ohne Hoffnung auf ein positives Leben, zu einem psychischen Krüppel gemacht worden ist, wird er 1989 durch einen Rausschmiß aus dem Erziehungsheim in die >Freiheit< entlassen. Der Grund seiner >Entlassung<: Die Erzieher, die mit ihm nicht mehr fertig werden, haben ihn aufgegeben. Frank sucht auf den Straßen, in verfallenen Häusern, in Bahnhöfen, bei Homosexuellen und Prostituierten nach Nähe, Beziehungen und Freundschaft.

26 Es ist der große Augenblick gekommen, der sich in die Kinderseelen erbarmungslos hineinfressen wird; das große Ereignis, das die Kinder niemals mehr werden vergessen können und sie ein Leben lang Tag und Nacht verfolgen wird; das große Erlebnis, das ihre Kindheit, Jugend und ihr Erwachsensein maßgeblich mitbestimmen wird. Die Kinder sind von den Stellvertretern Christi dazu auserkoren worden, höchstpersönlich Abschied zu nehmen von der toten Schwester Ilse.

Während sich die Gruppen auf dem Platz vor dem Leichenschauhaus versammeln, fängt die Kirchenglocke im dunklen Ton an zu läuten. Die Gruppen der Mädchen bilden die ersten Reihen, gefolgt von den Gruppen der Jungen. Hinter ihnen stehen die Schwestern, die nicht auf den Kindergruppen arbeiten und die vielen erwachsenen Heimbewohner, die seit ihrer Kindheit im ›Heim der traurigen Kinder‹ leben. Auch sie sind nach Geschlecht getrennt. Erst kommen die Frauen, dann die Männer. Viele von ihnen halten sich an der Hand eines anderen fest oder stützen sich an dessen Schultern ab. Ihre gealterten Gesichter sind gekennzeichnet von großer Einsamkeit, Hoffnungslosigkeit und Hilflosigkeit. Ihre gealterten Körper bewegen sich langsam und schwer. Ein paar von ihnen gehen, mit ihrem Oberkörper vorgebeugt, den Kopf und das Gesicht nach unten gerichtet, an Krücken. Ihre grauen Haare sind durch den Wind in Unordnung geraten. Manche von ihnen weinen und halten ein Taschentuch vor dem Gesicht.

Schwester Emanuela geht auf Schwester Sabine zu. Beide weinen und halten Taschentücher vors Gesicht.

»Schwester Ilse war so ein gutmütiger Mensch«, sagt Schwester Sabine mit betroffener Stimme, »warum mußte gerade sie es sein, die unser Herr Vater zu sich in den Himmel holte?«

Schwester Emanuela sagt kein Wort. Mit einem gekonnten Blick überprüft sie die Vollständigkeit »ihrer« Gruppe durch Zählen und stellt fest, daß Sascha, Michael und Stefan fehlen. Sie geht auf Fräulein Jung zu, um sie nach dem Verbleib der fehlenden Kinder zu befragen.

»Fräulein Jung, es fehlen einige Kinder. Wo sind die abgeblieben?«

»Ich weiß es nicht. Soll ich noch einmal auf die Gruppe gehen, um nachzusehen?«

»Nein! Die können sich auf etwas gefaßt machen!«

Sascha, Michael und Stefan haben sich im Keller versteckt. Sascha blickt aus dem Kellerfenster und sieht die vielen trauernden Menschen.

»Das wird später was geben«, sagt er zu den anderen, »ich sehe schon Schwester Emanuela, wie sie uns einzeln vor der Gruppe vorführt und uns verprügeln wird ...!«

»Das werden wir auch überleben!« fällt Michael ihm ins Wort. »Stefan, der früher auf der Gruppe St. Josef war, erzählte mir, die Schwester Ilse sei ganz schön brutal und gewalttätig gewesen. Warum sollen wir ihr die letzte Ehre erweisen? Wann ist eigentlich so eine Schwester tot genug, um uns in Ruhe zu lassen?«

Stefan, der vor Angst am ganzen Körper zittert, nickt zustimmend und erinnert sich an eine schlimme Situation, die er in seinem ganzen Leben nie vergessen wird.

Schwester Ilse steht vor der Badewanne und läßt sie mit kaltem Wasser voll laufen. Neben ihr steht Stefan, der weint und am ganzen Körper zittert, in Unterhose. Schwester Ilse herrscht ihn an:

»Stefan, du steigst sofort in die Badewanne!«

Stefan reagiert nicht und bleibt vor Angst wie angewurzelt stehen. Mit einer Hand greift sie sein Haar und zerrt ihn zur Badewanne, während Stefan vor Schmerz laut aufschreit. Stefan steigt »freiwillig« in die Badewanne und geht in die Knie, während er weiter laut aufschreit. Schwester Ilse drückt mit aller Kraft seinen kleinen Kopf unter Wasser. Stefan versucht sich verzweifelt, mit den Händen zu wehren. Immer wieder schafft er es, einen kurzen Moment aufzutauchen und tief Luft zu holen. Stefan denkt an den lieben Gott und fängt an zu beten. Er bittet den lieben Gott um Gnade und Hilfe und muß feststellen, daß dieser ihm nicht zur Hilfe kommt.

Schwester Ilse, der Stefan die Kraftanstrengung im Gesicht ansieht, drückt ihn wieder und wieder unter Wasser. Zwischen der alten Frau und Stefan baumelt das an ihrer Halskette hängende Kreuz mit der Jesusfigur über dem Wasser. Die Dienerin Gottes sieht, wie Stefans Gesicht blau anläuft und läßt von dem Kind ab.

Im Keller herrscht eine bedrückende, betroffene und traurige Stille. Stefan, der einen Daumen im Mund hat, schaut zu Sascha und will ihm etwas sagen, doch er bekommt kein Wort über die Lippen.

»Weine, wenn dir danach ist«, flüstert Sascha, der sich zu Stefan niederkniet und ihn ganz fest an sich drückt, liebevoll.

»Sascha«, stottert Stefan plötzlich und fängt an zu weinen, »ich habe Angst! Was wird Schwester Emanuela mit uns machen? Wird sie uns totschlagen?«

»Nein, Stefan!« antwortet Sascha, »sie wird uns nicht totschlagen. Aber sie wird uns schlagen und uns bestrafen! Sie wird ihre Wut an uns auslassen! Du mußt stark sein! Ich würde dich gerne vor Schwester Emanuela beschützen, doch ich bin zu schwach!«

Die letzten Mädchen einer Mädchengruppe verlassen das Leichenschauhaus, gefolgt von zwei Schwestern, die ein kleines Mädchen hinaustragen, das beim Anblick der toten Schwester ohnmächtig wurde.

Vor Angst schrecken die Kinder, die das Ereignis noch vor sich haben, auf. Die Herzen schlagen schneller, und Angstschweiß bildet sich auf ihre Haut. Schwester Emanuela gibt »ihren« Kindern durch eine Handbewegung zu verstehen, daß der große Augenblick jetzt unwiderruflich gekommen ist und schreitet mit großen Schritten voraus. In den Kindergesichtern ist ablesbar, daß niemand freiwillig hier ist. Die Kinder gehen zögernd die Stufen, die ins Leichenschauhaus führen, hinunter. Der süßliche Leichen- und Verwesungsgeruch kommt ihnen ohne Vorwarnung entgegen. Einige bringen den Mut auf und halten sich die Nase zu. Schwester Emanuela schaut die Kinder mit einem strengen Blick an, worauf sie ihre Finger von der Nase nehmen.

Die Kinder sehen die tote Schwester Ilse, umgeben von Blumen und Kerzen, auf einem Bett aufgebahrt. Der Körper ist durch eine weiße Decke geschützt. Ihr Kopf liegt auf einem weißen Kopfkissen und ist von einem weißen Schleier umgeben. Das Gesicht wirkt friedlich und ihre Augen sind geschlossen. Die Haut ihres Gesichts und ihrer Hände ist weiß-gelb und voller Falten. Die Hände sind gefaltet und halten einen Rosenkranz. Schwester Emanuela stellt sich am Kopfende des Totenbettes auf. Und mit einer Handbewegung gibt sie den Kindern zu verstehen, daß sie sich um das Bett aufzureihen haben.

Ein Kind hält sich die Nase zu, und das Gesicht nimmt eine blasse Farbe an. Schnell dreht es sich nach hinten um und muß erbrechen. Schwester Emanuela, die mit geschlossenen Augen betet, schreckt auf und öffnet die Augen. Sie geht auf das Kind zu und gibt ihm eine Ohrfeige. Die Kinder schauen ängstlich zu und schweigen. Das Kind fängt an zu weinen. Die Dienerin Gottes will wieder zuschlagen, doch das Kind weicht ihrer Hand aus und geht langsam zum Ausgang. Alle Blicke sind auf es gerichtet. Das Kind geht an den wartenden Kindergruppen vorbei. Einige Kinder drehen sich nach ihm um und sehen, wie es in einer Seitentür des Heimgebäudes verschwindet.

Michael schaut aus dem Kellerfenster und beobachtet die vielen Kinder.

»Wir sollten jetzt auf die Gruppe zurückkehren«, schlägt er den anderen vor.

»Michael, ich habe große Angst!« sagt Stefan stotternd und vor Furcht schlotternd.

Sascha, der weiß, daß ihnen allen Prügel droht, versucht, Stefan zu beruhigen, obwohl er an seine tröstenden Worte selbst nicht glaubt.

»Stefan, wir können nur hoffen, daß Schwester Emanuela jetzt barmherzig ist und uns nicht schlägt!«

Einem Wutanfall nahe, irrt Schwester Emanuela durch die Gruppenräume auf der Suche nach Sascha, Michael und Stefan.

»Wo halten sich diese Mistkerle nur versteckt«, flucht die alte Frau ununterbrochen, »wenn ich die Dreckskerle finde, werde ich sie windelweich schlagen!«

Während ihr Geschrei durch den Aufenthaltsraum hallt, verläßt sie diesen und traut ihren eigenen Augen nicht: Sie sieht Sascha, Michael und Stefan, die leise den Flur entlangschleichen. Mit großen Schritten rennt sie auf die Kinder zu. Stefan schreckt auf und versteckt sich hinter Sascha.

»Ihr Mistkerle! Euch werde ich es zeigen!« schreit die Dienerin Gottes aus voller Kehle. »Ihr habt euch meinen Befehlen widersetzt!«

Alle drei Kinder zittern vor Angst, und sie kämpfen erfolglos gegen die Tränen an. Schwester Emanuela erhebt ihre Hand und gibt, mit voller Wucht, Michael, der keinen Laut von sich gibt, eine Ohrfeige. Dann stürzt sie sich auf Sascha und boxt ihm mit einer geballten Faust voll in den Magen. Sascha, der laut aufschreit, krümmt sich vor Schmerz und hält die Arme an den Magen.

»Stefan, du brauchst dich nicht hinter Sascha zu verstekken«, brüllt die alte Frau. »Komm sofort zu mir, auf der Stelle!«

Stefan, der sich die Tränen aus den Augen wischt, steht wie versteinert hinter Sascha.

»Ich warte«, ruft die Dienerin Gottes, »du Satansbraten! Kommst du sofort zu mir!«

Schwester Sabine erscheint im Flur und schaut ihre Mitschwester entsetzt an.

Stefan dreht sich plötzlich um und rennt zur Ausgangstür und öffnet sie. Im Treppenhaus läuft er die Stufen hinauf und blickt zurück. Er sieht Schwester Emanuela und Schwester Sabine, die ihm folgen.

»Bleib sofort stehen, du kleiner Bastard«, hört er Schwester Emanuela lautstark schreien.

Einige Kinder, darunter auch Sascha und Michael, sind den Schwestern gefolgt. Stefan erreicht das letzte Stockwerk und bleibt am Gelände stehen. Von oben herab blickt er in die Tiefe. Die Kinder schauen zu ihm hoch und bleiben unten auf den Stufen stehen. Die Schwestern schauen, während sie die Treppen hinauflaufen, nach oben und sehen Stefan, dessen Oberkörper über dem Geländer sichtbar ist.

»Um Gottes willen, Stefan«, schreit Schwester Sabine, deren Stimme Verzweiflung und Hilflosigkeit zum Ausdruck bringen, ihm zu, »bleib vom Treppengeländer weg!«

Stefan blickt in die erschrockenen Gesichter der beiden Schwestern.

»Wenn Sie nicht sofort stehen bleiben«, schreit er stotternd, »springe ich: Ich meine es ernst!«

Die Schwestern bleiben mit offenen Mündern stehen. Schwester Emanuela ringt nach Worten und findet ihre Sprache wieder.

»Bitte, Stefan, spring nicht«, fleht sie ihn mütterlich und liebevoll an, »geh bitte sofort vom Treppengelände weg! Ich tue dir auch ganz bestimmt nichts! Ich schwöre bei Gott, dem Allmächtigen: Dir passiert nichts!«

Durch die lauten Schreie, die als Echo durch das ganze Treppenhaus schallen, aufgeschreckt, versammeln sich auch Kinder aus anderen Gruppen, gefolgt von Schwestern und Erzieherinnen, am Treppengeländer von unten nach oben. Und ganz unten versammeln sich erwachsene Heimbewohner. Alle Augen sind auf Stefan gerichtet. Einige der vielen Kinder schreien laut auf.

Sascha schaut zu Stefan und ruft aus voller Kehle: »Nein! Nein! Stefan, Stefan, bitte, spring nicht!«

»Um Gottes willen!« bricht es aus einer Schwester hervor; sie hält die Hand vor den Mund.

»Ich kann den Jungen verstehen, wenn er in den Tod springt!« sagt ein erwachsener Heimbewohner zu einem

Mitbewohner. »Wenn ich noch ein Kind wäre: Ich glaube, ich würde es auch machen!«

Der angesprochene Heimbewohner schaut ihn erstaunt und sprachlos an.

Eine alte Heimbewohnerin schaut zu Stefan hoch. Ihre Augen füllen sich mit Tränen, so daß sie Stefan nur leicht verschwommen wahrnimmt.

»Der Arme, der hat doch noch das ganze blühende Leben vor sich«, flüstert sie einer Mitbewohnerin zu, die sie, ohne irgendeine Reaktion zu zeigen, wortlos anschaut.

Herr Müller und Dr. Schulz, der seine Arzttasche in einer Hand hält, erscheinen plötzlich im Treppenhaus und gehen schweigend an der Menschenmenge vorbei nach oben. Sie erreichen Schwester Emanuela und Schwester Sabine und bleiben vor ihnen stehen.

»Herr Müller, was soll ich tun?« fragt Schwester Emanuela flehend und schaut beide hilflos an. »So hilflos habe ich mich in meinem ganzen Leben noch nicht gefühlt!«

Beide lassen die Schwestern schweigend stehen und gehen, für Stefan nicht sichtbar, eng an der Wand entlang weiter nach oben.

»Ihr seid alle sofort still und geht leise auf eure Gruppen«, zischt Schwester Emanuela plötzlich hysterisch nach unten.

Die Kinder und die erwachsenen Heimbewohner werden von den Schwestern aufgefordert, ihnen auf die Gruppen zu folgen. Kurze Zeit später sind nur noch Stefan, Herr Müller, Dr. Schulz, Schwester Emanuela und Schwester Sabine im Treppenhaus.

Es herrscht Totenstille, doch diese wird durch Stefans Schluchzen durchbrochen. Schwester Emanuela, die zu Stefan hochschaut, faltet ihre Hände, schließt die Augen und fängt an zu beten.

Herr Müller und Dr. Schulz sind oben angekommen. Ganz leise schleicht sich der Geistliche von hinten an Stefan heran, gefolgt vom Heimarzt. Mit den Händen packt Herr Müller Stefans Taille und zieht ihn mit ganzer Kraft zu sich hoch. Stefan schlägt und tritt um sich. Mit einem Fuß gerät er dabei an den Bauch des Heimarztes, der sein Gesicht verzerrt und zurückweicht.

»Lassen Sie mich los!« schreit Stefan. »Ich will sterben! Ich will nicht mehr leben!«

Der Geistliche schaut ihn betroffen an.

»Mein Junge«, versucht er Stefan im väterlichen Ton zu besänftigen, »beruhige dich erst einmal! Dir passiert doch nichts!«

Dr. Schulz öffnet seine Arzttasche und greift nach einer Spritze und einer Ampulle. Die Spritze füllt er mit der Flüssigkeit der Ampulle. Dann hält er die Spritze hoch, drückt am Ende ein wenig, so daß Flüssigkeit herauströpfelt. Herr Müller beobachtet ihn dabei, während er Stefan festumklammert hält. Mit der Spritze in der Hand geht Dr. Schulz langsam auf Stefan zu, der vor Angst zu zittern beginnt. Dr. Schulz blickt ihm ins Gesicht und sieht den Angstschweiß auf seiner Stirn.

»Nein, nein, nein, bitte nicht! Bitte nicht!« schreit Stefan.

Der Hilfeschrei hallt durch das ganze Treppenhaus. Und während Herr Müller Stefan mit aller Kraft festhält, streift Dr. Schulz den rechten Hemdsärmel des Kindes hoch und setzt die Spritze am Arm an. Stefan spürt den Einstich, und seine hilfeflehenden Schreie werden mit einem Schlag noch lauter. Mit bewegungsloser Gesichtsmiene blickt Dr. Schulz in Stefans Kindergesicht und drückt an der Spritze, bis sie leer ist.

»Der Junge wird gleich ruhig sein und einschlafen!« erklärt er dem Geistlichen.

Stefans Widerstand ist gebrochen. Seine Gegenwehr läßt nach. Der Körper insgesamt erschlafft; die Arme und Füße baumeln hin und her. Herr Müller ist außer Atem und läßt das Kind los.

Schwester Emanuela und Schwester Sabine sind oben angelangt und blicken mitleidig auf Stefan.

»Ich schlage vor, den Jungen in der Psychiatrie unterzubringen«, schlägt Dr. Schulz Herrn Müller vor. »Ich werde Frau Dr. Franke anrufen.«

Herr Müller nickt schweigend. Schwester Sabine geht auf Stefan zu, umarmt ihn und streichelt ihm über das Haar. Stefan weint und fällt in sich zusammen.

Stefans Lebenslauf

Stefans Eltern gelten beim Jugendamt als asozial. Die Asozialität, so das Jugendamt, steht ihnen im Gesicht geschrieben. Ihnen wird die Fähigkeit, ihr 1978 geborenes Kind großzuziehen, abgesprochen. Noch schlimmer: Ihnen wird das Sorgerecht über das eigene Kind auf entsprechenden Antrag der Jugendbehörde vom Vormundschaftsgericht aberkannt und dem Jugendamt zugesprochen. Mit dem richterlichen Beschluß, ausgesprochen >Im Namen des Volkes<, beginnt Stefans unwiderrufliche Heimkarriere.
Stefan erlebt seine ersten Jahre zunächst glücklich in einem katholischen Säuglings- und Kinderheim und im Anschluß daran in einem katholischen Heim. Hier führen Nonnen ein brutales, militärisches Regiment. >Im Namen Gottes< haben die Kinder ihren militärischen

Befehlen zu gehorchen. Ungehorsam und Unpünktlichkeit werden hart bestraft. Widerrede und Widerstand werden gnadenlos niedergeprügelt. Gefühlsregungen werden nicht nur durch Prügel den Kindern ausgetrieben, sondern auch durch verbale Bedrohungen wie: >Der liebe Gott ist allgegenwärtig, er verfolgt und beobachtet euch auf Schritt und Tritt.<
Der >liebe Gott< wird somit als pädagogisches Druckmittel, Sanktionsmittel und Strafinstrument bewußt gegen die Kinder eingesetzt.
Stefans Kinderseele wird im Laufe der Zeit durch diese >Schwarze Pädagogik<, sprich: klerikale (Heim-)Erziehung, die überwiegend aus psychischer wie physischer Folter besteht, Stück für Stück abgetötet. Diese Form der christlichen Heimerziehung findet einen vorläufigen Höhepunkt: Das hilflose und wehrlose Kind Stefan wird von einer Nonne sexuell mißbraucht.
Stefans trauriges Kindergesicht zeichnet ein Bild des psychisch wie physisch gebrochenen Kindes: ein lebloses Kindergesicht; leblose, von Erstarrung gekennzeichnete Augen; die fast bewegungslose Motorik; das Zusammenzucken des Körpers, wenn man auf das Kind zugeht und mit ihm reden will; die Unfähigkeit dieses Kindes, sich zu artikulieren, wenn es etwas zu sagen beabsichtigt und statt dessen sein Körper spricht: Angstvoll fängt dieser an zu zittern, und die Worte kommen nur stotternd – gebrochen und stückweise – aus ihm heraus.
Stefan, der die Suche nach Wärme, Zärtlichkeit, Geborgenheit aufgegeben hat, gibt sich immer mehr auf und flüchtet vor dieser brutalen, menschen- und kinderfeindlichen Heimrealität: Er fängt an, in einer Traumwelt zu leben. Das Kind weigert sich, diese Traumwelt zu verlassen. Nur in seiner Traumwelt kann Stefan ein menschenwürdiges Dasein leben.

Das hat für das Kind schlimmste Folgen: Der Heimarzt versucht mit ihm, ein Gespräch zu führen, doch Stefan sitzt ängstlich, am ganzen Körper zitternd, vor dem Mann im weißen Kittel und schweigt. Für den Heimarzt ohne psychiatrische oder psychologische Zusatzausbildung ist der Fall eindeutig und unwiderruflich klar: Er diagnostiziert *Debilität,* einen leichten Grad des Schwachsinns. Der Mediziner scheint nicht in der Lage zu sein zu erkennen, daß Stefans Verhalten – seine Verschlossenheit, die Introversion – zurückzuführen ist auf das Syndrom: Hospitalismus mit autistischen Wesensmerkmalen. Überdies erkennt der Arzt nicht, daß sich die sozialpathologischen Strukturen in Stefan wie ein Krebsgeschwür ausbreiten und die >sozial auffälligen< Verhaltensreaktionen hervorrufen.

Nachdem Stefan wieder einmal von einer Nonne mißhandelt wird, versucht er, sich das Leben zu nehmen. Seine Flucht vor der >Hölle auf Erden< mißlingt. Dies hat für ihn eine noch schlimmere Folge: Die Heimleitung spricht ein nicht wiedergutzumachendes Urteil gegen ihn aus: Das Kind wird in eine Kinder- und Jugendpsychiatrie abgeschoben, zwangsuntergebracht. Stefan, der nie die >Freiheit< kennenlernen durfte, >lebt< dort heute noch.

In allen Gruppenfluren stehen Kinder, ältere Heimbewohner, Schwestern und Erzieherinnen an den zahlreichen Fenstern. Sascha geht zu dem Fenster, wo Schwester Sabine alleine steht und zum Heimhofvorplatz hinunterblickt. Sie schauen sich an, und beide haben Tränen in den Augen. Schwester Emanuela steht ebenfalls allein an einem Fenster; ihr Gesicht drückt wieder Gefühlskälte und Gleichgültigkeit aus.

Die Kinder hören plötzlich den Ton der Kirchenglocke, der wie immer die dicken Heimmauern durchdringt. Und sie sehen einen Krankenwagen auf dem Heimhofvorplatz vorfahren.

Zwei Sanitäter steigen aus und öffnen die hintere Tür. Stefan, der auf einer Bahre liegt, wird von Dr. Schulz und einer Krankenschwester in den geöffneten Krankenwagen hineingeschoben. Die Sanitäter schließen die Tür und steigen wieder in den Krankenwagen.

Sascha fängt heftig an zu weinen. Er schaut auf die Scheiben des Krankenwagens und kann es noch nicht richtig erfassen, daß er seinen Freund Stefan soeben verloren hat. Sascha erinnert sich zurück an die Zeit, als er hier im ›Heim der traurigen Kinder‹ ankam und Stefan kennenlernte. Seinen Freund Stefan sieht er vor sich, der damals noch ein richtiges Kind war. Ein Kind, das in der Lage war, Gefühle zuzulassen; ein Kind, daß lachen und glücklich sein konnte; ein Kind voller Spontanität, Hoffnungen und Träume.

Sascha sieht aber auch den heutigen Stefan vor sich, der, wie so viele andere Kinder, im Laufe der Zeit seine Kindheit brutal und unter großen Schmerzen aufgegeben hat. Stefan, das in der Kinderseele gebrochene Kind; Stefan, der die verzweifelte und hoffnungslose Suche nach menschlicher Wärme und Geborgenheit aufgegeben hat; Stefan, der keine Gefühle mehr zuließ und verzweifelt versuchte, sie abzutöten; Stefan, der nicht mehr aus seinem Inneren heraus lachte und glücklich war; Stefan, der seine kindliche Spontaneität, Hoffnungen und Träume aufgegeben hat; Stefan, der nur ab und zu, wenn er die Schmerzen und die innere Einsamkeit gar nicht mehr aushalten konnte, Schmerzgefühle und Schmerzensschreie nach außen hin zuließ; Stefan, dessen Gesicht wie viele andere Kindergesichter im Laufe der Zeit nur noch Leere, Leblosigkeit, Ängste, Einsamkeit, Trauer und Hoffnungslosigkeit ausstrahlte. Stefan, der fest an den lieben Gott glaubte und immer wieder zu ihm betete, in der großen Hoffnung, der liebe Gott würde ihn und die anderen Kinder beschützen und ihnen helfen, und der schmerzlich erkennen mußte, daß der liebe Gott ihnen allen nicht die heilige Hand reichte und für sie Gottes Himmelreich verschlossen blieb. Stefan, das Kind, daß den Glauben an Gott und sein Himmelreich im ›Heim der traurigen Kinder‹ aufgegeben hat.

Alle schauen dem Krankenwagen hinterher, der mit Blaulicht das Heimgelände verläßt, bis er hinter der Kurve verschwunden ist. Nur wenige Kinder haben Tränen in den Augen. Die anderen sind nicht mehr in der Lage, Gefühle der Trauer zu zeigen.

Auf der Gruppe St. Martin stehen noch ein paar Kinder an den Fenstern. Plötzlich geht Bewegung durch die ganze Gruppe. Die Kinder rennen in den Aufenthaltsraum und sehen ein schreiendes Kind, daß vor einem auf dem Boden liegenden Kind steht.

Das am Boden liegende Kind hat einen epileptischen Anfall. Die Hände und Füße des Kindes sind weit nach oben ausgestreckt. Der Körper bewegt sich ununterbrochen krampfartig und zitternd. Das Gesicht, das mit Schweiß überzogen ist, läuft rot an. Speichel, vermischt mit Blut, fließt aus dem Mund. Das Kind gibt nicht verständliche, verworrene Laute von sich. Schwester Emanuela und Schwester Sabine kommen angerannt und verscheuchen die Kinder. Sie knien sich zu dem Kind nieder und halten es mit aller Kraft fest.

Der Heimarzt erscheint und gibt ihm eine Spritze. Die krampfhaften Bewegungen des Kindes werden weniger, bis es ganz ruhig am Boden liegt. Dr. Schulz schaut in seinen Mund und ist sichtlich erleichtert.

»Gott sei Dank! Er hat sich mit den Zähnen nur seine Zunge verletzt!«

Michael blickt betroffen zu dem Kind und dann zu Sascha.

»Hoffentlich stirbt Franz bald, wenn er tot ist, hat er endlich seinen Frieden gefunden«, flüstert er Sascha ins Ohr. »Franz käme bestimmt in den Himmel!«

»Vielleicht hast du recht, ich weiß es nicht«, erwidert Sascha und schaut Michael nachdenklich an.

27 Erneut werden die Kinder mit dem Tod der Schwester Ilse konfrontiert. Sie müssen ihr die letzte Ehre auf Erden erweisen und der Beerdigung beiwohnen.

Der große Schock, der dadurch eingetreten ist, daß die Kinder zuvor in das Leichenschauhaus gezwungen wurden, um von der toten Schwester Ilse Abschied zu nehmen, hat sich bereits tief in ihre Kinderseelen hineingefressen. Und heute wird der letzte brutale und grausame Akt an den Kindern vollzogen.

Auch nach ihrem Ableben verfolgt Schwester Ilse die Kinder erbarmungslos: Tage, Wochen, Monate und Jahre werden sie nachts immer wieder der alten Frau begegnen und angesichts des Todes große Ängste durchleben und schweißgebadet aufwachen. Diese furchterregende und traumatisierende Begegnung mit dem Tod wird ein ständiger Begleiter ihres Lebens sein.

Die Gruppen stehen in Viererreihen auf dem Platz vor dem Leichenschauhaus. Die Gruppen der Mädchen bilden die ersten Reihen, gefolgt von den Gruppen der Jungen. Die Kinder müssen mitbeten und die Hände falten.

Hinter ihnen gehen die alten und zum Teil gebrechlichen erwachsenen Heimbewohner. Mehrere dieser alten Menschen wischen sich die Tränen aus dem Gesicht. Eine alte Heimbewohnerin, die laut weint und schluchzt, hat einen Weinkrampf und wird von zwei älteren Mitbewohnerinnen gestützt. Das Ende bilden die Schwestern, die alle weiße Taschentücher in den Händen halten. Auch unter ihnen sind einige, die sich die Tränen aus dem Gesicht wischen. Schwester Berta geht geknickt an einem Stock. Ihre Augen sind durch Tränen errötet. Mitten in dem trauernden Menschenzug befindet sich der Wagen, auf dem der Sarg aufgebahrt ist. Auf ihm sind Blumen, Kränze und eine große Schleife mit der Aufschrift: ›Gott vergibt dir! - Ruhe in Frieden.‹

Die Kirchenglocke läutet im dunklen Ton, während sich die Menschen in Bewegung setzen. Der Glockenton verstärkt in den Kindern die großen Ängste, die sie ertragen müssen und denen sie hilflos ausgeliefert sind. Es gibt kleine Kinder, die sich die Ohren zuhalten.

Der Wagen mit dem Sarg wird von erwachsenen Heimbewohnern geschoben. Der Priester, der mit ein paar Meßdienern dem großen trauernden Menschenzug vorausgeht, erreicht den Heimfriedhof und bleibt vor dem offenen Grabloch stehen. Auch die Trauernden erreichen den Friedhof und bilden einen großen Kreis um das Grab. Die erwachsenen Heimbewohner heben den Sarg von dem Wagen und tragen ihn zum Grab. Der Geistliche blickt in Betroffenheit auf den Sarg und hält eine Totenrede.

»Allmächtiger Gott, Herrscher des Himmels und der Erde, unser Gebieter, hier stehen wir, bewegungslos, hilflos und voller Schmerz. Wir können nur schwer begreifen und schwer akzeptieren, daß wir einen lieben Menschen verloren haben, den wir alle so sehr geliebt und verehrt haben. Wir alle können nicht begreifen, daß du Schwester Ilse zu dir geholt hast. Und trotzdem lieben und glauben wir alle an dich. Bestärke uns in dem Glauben und schenke unseren Toten neues Leben!«

Die aus alten Heimbewohnern bestehende Musikkapelle fängt an zu spielen, während der Sarg ins Grabloch hinuntergelassen wird. Die Schwestern versammeln sich am Grab und werfen, wie der Priester, nacheinander eine Schaufel Erde und Blumen auf den Sarg.

Schwester Berta steht, von zwei Mitschwestern gestützt, weinend vor dem Grab und wirft eine Blume hinein. Und Schwester Emanuela, die ihr Taschentuch vor dem Gesicht hält, fängt heftig an zu weinen.

Die Kinder und die älteren Heimbewohner blicken auf die Schwestern. Einige weinen, andere schauen teilnahmslos und gleichgültig dem Geschehen zu.

Dann löst sich langsam die trauernde Gemeinschaft auf. Zurück bleibt der Friedhofsgärtner, der dabei ist, das Grab mit Erde zuzuschaufeln. Und ein alter Heimbewohner, dessen faltiges Gesicht keine Trauer, sondern Wut und Haß ausdrückt. Der gebrechliche Mann, der Tränen in den Augen hat, geht langsam zu dem Grab. Er blickt auf den Sarg, spuckt auf ihn und sieht, wie dieser durch die Erde immer mehr zugedeckt wird. Dann richtet der alte Mann seinen haßerfüllten Blick zum Himmel.

28 Sascha liegt unruhig im Bett und kann nicht einschlafen. Im Arm hält er seinen kaputten Teddybären und drückt ihn ganz fest an sich. Eine längere Zeit liegt er so da; dann schließt er die Augen und versinkt schlafend in einen Traum.

Mitten im Leichenschauhaus wacht Sascha auf und nimmt die Töne der Orgel und der Kirchenglocke wahr. Vor ihm liegt die aufgebahrte tote Schwester Ilse. Sascha bekommt einen furchtbaren Schreck und schreit laut auf. Er will wegrennen, doch er steht da, wie gelähmt. Sascha sieht, wie die tote Schwester langsam ihre glasigen Augen öffnet und ihn mit einem starren, leblosen Blick anschaut. Plötzlich lacht sie laut auf. Sascha beobachtet ihren Oberkörper, der in Bewegung ist, und die Hände, die sich auf ihn zubewegen. Jetzt schreit er auf und versucht mit aller Kraft, sich nach hinten fortzubewegen. Doch er schafft es nicht. Ihre Hände bekommen seine Hände zu fassen und zerren ihn mit voller Wucht auf das Bett. Beide sehen sich in die Augen. Und während Sascha aus voller Kehle laut schreit, grinst sie ihn an und gibt keuchende Laute von sich.

Sascha wacht schweißgebadet, am ganzen Körper zitternd, schreiend auf. Er hört Schwester Emanuela, die an seinem Bett steht, sagen:

»Sascha, du hast wohl einen schlimmen Traum gehabt! Guten Morgen, aufstehen!«

Ein kleines Kind bleibt im Bett liegen. Ohne ein Wort zu sagen, geht Schwester Emanuela zu ihm und reißt die

Schlafdecke beiseite. Die alte Frau sieht dem Kind in das ängstliche Gesicht. Dann blickt sie auf die Schlafanzughose und erkennt eine große feuchte Stelle. Sie greift sich an die Nase und hält sie zu.

»Du stinkst wie eine Drecksau«, schreit die Dienerin Gottes das Kind an. »Du Dreckschwein, steh sofort auf, sofort!«

Das Kind liegt voller Angst bewegungslos im Bett. Schwester Emanuela schaut das Kind aggressiv und kaltherzig an.

»Du steht auf der Stelle auf«, brüllt sie.

Das Kind, das sich immer noch nicht bewegt, schaut ihr mit verweinten Augen ins Gesicht. Es bemerkt, daß sich der Blick dieser alten Frau nicht verändert. Das Kind, das plötzlich anfängt zu zittern, greift nach der Bettdecke und hält diese mit den kleinen Fingern ganz fest an seinen Körper.

Schwester Emanuela verliert die Geduld. Sie greift nach dem Bettlaken am Fußende des Bettes und zieht mit geballter Wucht das Laken zu sich. Das Kind, das in ihrer Richtung mitgeschleift wird, fängt plötzlich laut an zu schreien. Mit ihrer ganzen Kraft packt sie das Kind an den Füßen und zerrt es über die Bettkante hinaus zu sich. Das schreiende Kind versucht sich mit seinen Händen am Bett festzuhalten, doch es findet keinen Halt. Mit dem Oberkörper fällt es auf den Boden und stößt mit dem Kopf an die Bettkante.

Das Kind schreit wieder laut auf. Es greift sich an den Kopf und bemerkt dort eine Platzwunde. Und an den Händen sieht es Blut. Schwester Emanuela läßt die kleinen Füße los und greift nach dem Bettlaken, das in der Mitte einen großen feuchten Fleck hat. Sie hält das Bettlaken in ihren Händen und schlägt damit auf das Kind ein.

»Du Dreckschwein!« schreit Schwester Emanuela, während sie weiter erbarmungslos auf das Kind einschlägt, »du wirst sofort ins Bad gehen und das Bettlaken mit deinen eigenen Hände waschen. Gnade dir Gott, wenn du noch einmal solche eine Schweinerei fabrizierst, schlage ich dich krankenhausreif! Hast du mich verstanden?«

Das Kind schreit immer lauter und versucht verzweifelt, die Schläge abzuwehren.

»Wenn du nicht sofort deine Pfoten beiseite läßt, werde ich dir den Arsch nach Strich und Faden versohlen!«

Vor Angst gibt das Kind seine schützende Haltung Stück für Stück auf.

Die alte Frau wendet sich wieder Michael zu und will nach ihm treten. Doch Michael reagiert sofort, rollt sich blitzschnell zur Seite und springt auf. Er packt einen Tisch und schmeißt ihn mit voller Wucht um. Dann greift er sich mit beiden Händen einen Stuhl, hält ihn in Kopfhöhe und richtet diesen auf Schwester Emanuela, die vor Schreck zurückweicht.

»Du Dreckschwein, komm schon, traue dich, du Feigling, ich mache dich fertig, du Bastard«, schreit sie plötzlich siegessicher aus voller Kehle.

Wenn ihr Blick töten könnte, würde Michael tödlich getroffen umfallen und sich in der göttlichen Hölle wiederfinden.

Michael blickt in ihr gefühlloses, aggressives Gesicht und fängt an zu zittern. Unsicherheit macht sich in ihm breit. Und die große Angst vor der allmächtigen Dienerin Gottes holt ihn wieder ein. Langsam stellt er den Stuhl wieder auf den Boden. Auf diesen Augenblick hat Schwester Emanuela gewartet. Ihr Gesicht glänzt vor Freude, und sie genießt ihren christlichen Sieg.

»Du bist ein erbärmlicher Versager!« schreit sie laut lachend. Und dann stürzt sie sich ohne Vorwarnung auf Michael und verpaßt ihm mit voller Wucht eine Ohrfeige. Michael fällt zu Boden und bleibt liegen.

Der Heimarzt und drei Schwestern kommen Schwester Emanuela zur Hilfe. Die Schwestern stürzen sich alle auf Michael und halten ihn an den Armen und Füßen fest. Michael liegt unter ihnen und leistet massiven Widerstand. Dr. Schulz greift mit seinen Händen Michaels Hals und drückt ihn so fest zu, daß er keine Luft mehr bekommt.

Michaels Gesicht läuft rot an. Dr. Schulz läßt seinen Hals los und holt eine bereits fertige Spritze aus dem Arztkoffer und setzt diese an Michaels Arm an. Dann drückt er den ganzen Inhalt der Spritze in Michaels Kinderkörper. Michael, dessen Körper langsam erschlafft, gibt seinen Widerstand Stück für Stück auf. Und gegen die Tränen kann er nicht mehr ankämpfen.

Die Schwestern lassen Michael los, der daraufhin eine Hand erhebt. Schwester Emanuela verfolgt seiner Handbewegung und sieht, wie er auf das Kreuz zeigt. Ihr Gesicht färbt sich rötlich. Und im Aufenthaltsraum ist es plötzlich beängstigend still.

Mit letzter Kraft erhebt sich Michael und geht schwankend auf Schwester Emanuela zu. Die alte Frau weicht zurück. Michael stürzt sich auf sie, umklammert ihren Körper und schaut zu ihr hoch. Ihre Blicke treffen sich. Die Augen der Schwester Emanuela sind leblos und kalt. Und Michaels Augen glänzen durch die Tränen.

»Schwester Emanuela«, schreit Michael, »ich himmle Sie an, ich bete Sie an, ich begehre Sie. Ich möchte Ihnen alleine gehören. Ich möchte von Ihnen geliebt werden. Ich liebe Sie. Ich sehne mich nach Ihrer Wärme und Zärtlichkeit. Bitte, bitte, ich wünsche mir von ganzen Herzen, daß Sie meine Mutter werden! Meine Mutter hat mich auch durch Schläge so sehr verletzt – wie Sie!«

Schwester Emanuela ist völlig irritiert. Mit aller Kraft befreit sie sich aus Michaels Umklammerung und schubst ihn mit ganzer Kraft von sich. Michael fällt zu Boden. Plötzlich ist es wieder furchterregend still.

Nach einigen Sekunden wird die Stille von Dr. Schulz unterbrochen.

»Schwester Emanuela, bitte geben Sie dem Jungen ab sofort je eine Tablette *Truxal*, und zwar am frühen Morgen und am frühen Abend!«

30 Im Aufenthaltsraum stehen Sascha und Schwester Sabine vor der Fensterbank, auf dem der leere Vogelkäfig steht.

»Warum wünscht sich Michael Schwester Emanuela als Mutter, verstehen Sie das?« fragt Sascha Schwester Sabine verwirrt.

Schwester Sabine schaut ihn erstaunt an.

»Wenn Schwester Emanuela da ist, ist sie der Teufel! Und trotzdem: Ihr Kinder seid alle von ihr total abhängig! Ohne sie könnt ihr alle nicht leben und nicht existieren!«

Sie schaut aus dem Fenster und fängt an zu weinen. Und ihre Stimme ist voller Traurigkeit.

»Sascha, man kann das auch so ausdrücken: Wenn man die Wahl hat zwischen dem Teufel und dem Nichts, wählt man den Teufel!«

»Warum bekommt Michael *Truxal*?« fragt Sascha neugierig weiter.

Auf Schwester Sabines Haut bildet sich eine Gänsehaut. Es fällt ihr schwer, Saschas Fragen weiter zu beantworten.

»*Truxal* ist ein Mittel, mit den man Kinder ruhigstellen kann«, antwortet sie ihm mit leiser Stimme, »wenn Michael das Zeug eine gewisse Zeit geschluckt hat, wird er immer ruhiger und stiller, dann wird man von ihm nichts mehr hören. Er wird dann tagein, tagaus total schlaff und müde den langen Flur auf und ab gehen – ohne ein Ziel vor Augen! Er wird nicht mehr ansprechbar, dafür aber absolut friedlich und harmlos sein. Er ist dann gefügig und fällt nicht mehr auf! Und mit ihm kann man dann machen, was man will!«

Sascha blickt sie ahnungsvoll an.

»Schwester Sabine, seit ich dieses *Androcur* bekomme, sind meine Gefühle wie abgestorben! Wenn ich mich berühre, spüre ich nichts mehr!«

Schwester Sabine schaut ihn betroffen an und drückt ihn ganz fest an sich. Dann gehen beide langsam zur Tür. Im Gruppenflur trauen sie ihren Augen nicht.

Dort sitzen einige Kinder teilnahmslos auf der großen Bank. Sie alle blicken Michael an, der den langen Flur immer wieder auf und ab geht. Michael wirkt auf die Kinder total apathisch. Sein Kopf ist auf den Boden gerichtet; er gibt keinen einzigen Laut von sich. Alle Kinder sind ganz still. Nur die Aufschläge von Michaels Schuhen auf dem Boden sind hörbar.

Schwester Sabine geht auf Michael zu, umarmt ihn und spürt grenzenlose Gleichgültigkeit. In seinem Gesicht erkennt sie eine beängstigende Gefühlsarmut und Leblosigkeit.

Michaels Lebenslauf

Michael wird im Frühjahr 1976 von einer Prostituierten, die ungewollt schwanger wurde und Kinder nicht ausstehen konnte, zur Welt gebracht. Die innere Ablehnung läßt sie ihn von Anfang an spüren; dieses kleine Lebewesen bedeutet für sie nur Ballast. Das Kind Michael, das nur wenige Monate bei der Mutter lebt, wird von dieser bei ihren Eltern, beide streng katholisch, untergebracht. Im Haus der Großeltern verlebt er die ersten vier Lebensjahre in glücklicher Harmonie. Dem Kind, das sehr lebendig ist und viel anstellt, sind die Großeltern, die ihr Enkelkind über alles lieben, mit der Zeit jedoch nicht mehr gewachsen. Sie suchen verzweifelt Hilfe und wenden sich an das Jugendamt. Statt den Großeltern Beratung und Hilfeleistung an die Hand zu geben, tritt die Jugendbehörde als Ankläger gegen sie auf: Den Großeltern wird pauschal die Unfähigkeit zur Erziehung eines Kindes bescheinigt. Durch das pädagogische Urteil verurteilt, wird ihnen das Kind weggenommen. Und obwohl sie sich dagegen zur Wehr setzen, können sie nicht verhindern, daß Michael in einer >Nacht- und Nebel-Aktion< in ein katholisches Kinderheim verfrachtet wird.

Michael, vom Wesen her ein sehr emotionales und nachdenkliches Kind, provoziert die Nonnen bereits seit seiner Ankunft dadurch, daß er sehr zurückgezogen und verträumt in den Tag hineinlebt. Die Nonnen kommen mit dem verschlossenen Kind nicht klar: Sie schreien Michael zum Beispiel dann an, wenn er alleine an einem Fenster steht, die Vögel beobachtet, vor sich hin singt und träumt. Michael zuckt dann vor Angst und Schrecken in sich zusammen.

Irgendwann beginnt Michael, den Nonnen einen kindlichen Widerstand entgegenzusetzen, doch er hat gegen die Übermacht dieser Frauen keine Chance: Der Widerstand wird durch Prügel und Abstrafen sehr schnell gebrochen. Und der Heimarzt verschreibt ihm *Truxal,* an das sich das Kind mit der Zeit gewöhnt. Die >medizinische Therapie< in Form der >chemischen Keule<: *Truxal* zeitigt – planmäßig und gewollt – einen schnellen Erfolg: Das Kind wird immer ruhiger, stiller, bewegungsloser – kurzum: Es wird schlaff und müde.

Durch die Persönlichkeitsveränderung, die mit der medikamentösen Dauerbehandlung einhergeht, tritt die gewollte Widerstandsunfähigkeit und gleichzeitig die Willfährigkeit ein. Das Kind funktioniert, wird fremdbestimmt, paßt plötzlich in das Erziehungssystem der >Schwarzen Pädagogik<. Michael ist in den Augen der Nonnen wie ein >neugeborenes< Kind: friedlich, harmlos, unterwürfig, willig.

1993 aus dem Heim entlassen, findet auch Michaels Heimkarriere eine traurige Fortsetzung: Michael wird eines schweren Diebstahls überführt und muß sich vor dem Jugendgericht verantworten. Er wird eindringlich verwarnt und muß zur Strafe in einem Krankenhaus arbeiten. Nachdem die richterliche Verwarnung und die Ableistung von Arbeitsstunden in dem Krankenhaus Michael nicht zur Vernunft bringen und er sich der schweren Körperverletzung und des Raubes schuldig macht, kennt der Jugendrichter kein Erbarmen mehr: Der jugendliche Angeklagte wird zu einer mehrjährigen Haftstrafe verurteilt.

31 Die Kinder sind beim Essen. Einige reden leise miteinander, andere lachen, wieder andere sitzen stumm und bewegungslos auf ihren Stühlen. Plötzlich verstummen alle. Kinder, die eben noch lachten, sind todernst. Ihre Gesichter spiegeln die Angst wider, die in ihnen lebt.

Mit ernster und strenger Miene hat Schwester Emanuela den Speisesaal betreten. In den Händen hält sie zwei verschiedene Medikamentenpackungen. Auf der einen Packung steht *Truxal,* auf der anderen *Androcur.* Die Kinder verfolgen ängstlich jeden ihrer Schritte und jede Bewegung ihrer zittrigen Hände. Die alte Frau geht auf Michael zu und öffnet die Packung mit der Aufschrift: *Truxal.* Während sie ihm in das verängstigte und verunsicherte Kindergesicht blickt, nimmt sie mit einer zittrigen Hand eine Tablette aus der Packung.

»Michael, mach sofort den Mund auf, und schluck die Tablette hinunter!« fordert sie ihn auf.

Michael öffnet vor Angst freiwillig den Mund, und Schwester Emanuela schiebt ihm die Tablette tief in dem Mund. Dabei beobachtet sie Michael ganz genau, der den Mund schließt und die Tablette hinunterschluckt.

»Mach den Mund auf und streck deine Zunge hinaus«, fordert sie ihn im harten Ton auf, »damit ich mich davon überzeugen kann, daß du die Tablette auch tatsächlich runtergeschluckt hast!«

Michael öffnet den Mund und streckt die Zunge hinaus. Die alte Frau blickt in Michaels Mund und Rachen und fängt zufrieden an zu lächeln. Dann geht sie zu dem verängstigten Sascha und gibt ihm eine Tablette aus der Packung mit der

Aufschrift *Androcur* in die Hand. Auch Sascha nimmt aus Angst die Tablette freiwillig in den Mund und schluckt sie mit einer Tasse Tee hinunter. Schwester Emanuela lächelt wieder zufrieden. Sie bewegt sich auf zwei andere Kinder zu, die besonders lebhaft sind und sich häufig widersetzen, und gibt ihnen je eine Tablette der Marke Truxal in die Hände. Eines der Kinder führt die Tablette ängstlich mit zitternder Hand zum Mund und schluckt sie mit einer Tasse Tee unaufgefordert hinunter.

Das andere Kind schaut sich die Tablette schweigend an und weigert sich, sie hinunterzuschlucken.

»Ich will keine Tablette mehr«, fleht das Kind Schwester Emanuela an, »ich will auch ganz, ganz brav sein!«

»Immer dasselbe Theater mit dir«, schreit die alte Frau das Kind laut an. »Du wirst sofort die Tablette in den Mund nehmen und diese hinunterschlucken, sofort!«

Das Kind fängt vor Angst an zu zittern, und auf seiner Stirn bildet sich Angstschweiß. Verängstigt blickt es Schwester Emanuela ins Gesicht und weigert sich, den Mund aufzumachen. Schwester Emanuela geht mit ihrem Gesicht nahe an das Gesicht des Kindes heran. Plötzlich sieht das Kind ihre Finger, die sich auf seine Nase zu bewegen und nach ihr greifen.

»Aua! Das tut weh!« schreit das Kind vor Schmerz laut auf.

»Das ist erst der Anfang«, erwidert sie laut, »wenn du nicht sofort gehorchst, werde ich dich vor aller Augen aufs Knie legen und dir deinen Po versohlen!«

Da das Kind über die Nase keine Luft mehr bekommt, öffnet sich der Mund nun ›freiwillig‹. Das Kind sieht, wie sich die leblosen und strengen Gesichtszüge der alten Frau auflösen und sie anfängt zu grinsen. Und es nimmt die zittrigen Finger wahr, die ihm die Tablette tief in den Rachen schieben. Plötzlich überkommt das Kind ein Brechreiz, und es muß erbrechen. Das Erbrochene, in dem sich auch die Tablette befindet, spritzt auf Schwester Emanuelas Hand und auf den Tisch. Die Dienerin Gottes sieht das Erbrochene auf ihrer Hand und knallt dem Kind mit dieser Hand eine Ohrfeige. Das Kind fängt an zu weinen und gerät ins Wanken. Mit großer Kraft versucht es, sich an der Tischdecke festzuhalten. Dabei zieht das Kind die Tischdecke und gleichzeitig ein paar Teller, Tassen und Besteck mit in die Tiefe. Das laute Klirren der herunterfallenden Teller, Tassen und des Bestecks, die auf das Kind niederfallen und zum Teil zu Bruch gehen, hallt durch den ganzen Speisesaal.

Schwester Emanuela stellt sich in voller Größe und breitbeinig vor dem Kind auf und blickt von oben auf es herab. Das Kind sieht, wie die alte Frau ihren rechten Fuß hochhebt und blickt ihr erschrocken ins Gesicht.

»Nein!« schreit das Kind laut auf, »bitte nicht, Schwester Emanuela!«

Schnell versucht das Kind aufzustehen, doch es ist zu spät. Die allmächtige Dienerin Gottes versetzt dem Kind einen Fußtritt in den Magen. Das Kind schreit laut auf und krümmt sich vor Schmerzen.

»Du Mistkerl!« schreit sie laut, »du wirst alle kaputten Teller und Tassen bezahlen: Du bekommst mindestens für ein halbes Jahr kein Taschengeld! Du beseitigst sofort die Scherben! Wenn du fertig bist, gehst du sofort ins Bett! Und jetzt nimmst du die ausgespuckte Tablette und schluckst sie hinunter!«

Die Kinder schauen zu dem daliegenden Kind und sind sprachlos. Niemand von ihnen erhebt seine Stimme. Keiner steht auf und stellt sich schützend zwischen das Kind und die allmächtige Schwester Emanuela. Sie blicken dem vor Schmerzen brüllenden Kind in das verzerrte Gesicht und sitzen bewegungslos auf den Stühlen. Aus einigen Kindergesichtern spricht Anteilnahme, aus anderen eine Gleichgültigkeit gegenüber dem Schicksal dieses Kindes. Doch die große Angst vor Schwester Emanuela ist bei allen Kindern spürbar. Sie fangen an zu zittern bei dem Gedanken, einer von ihnen könnte der nächste sein.

Mit zitternden Händen holt das Kind die Tablette aus dem Erbrochenen und schluckt sie hinunter. Dann kriecht es auf dem Boden herum und sammelt die kaputten Teller und Tassen zusammen. Sascha und ein paar andere Kinder stehen plötzlich spontan von ihren Stühlen auf und wollen helfen. Doch sie hören die Stimme der Schwester Emanuela und schrecken in sich zusammen.

»Setzt euch sofort wieder hin! Niemand hilft dem Jungen! Dafür ist er ganz alleine verantwortlich!«

Ohne Widerworte setzen sie sich wieder hin. Während das Kind die zerbrochenen Teller und Tassen in einen Eimer schaufelt, fordert Schwester Emanuela alle auf, zum Gebet aufzustehen. Die Kinder stehen von ihren Stühlen auf, falten die Hände und beten mit ihr gemeinsam.

»Lieber Gott, jeden Tag schenkst du uns erneut die Speisen, die wir zum Leben brauchen! Segne sie! Wir danken dir dafür!«

Schwester Emanuela erhebt eine Hand, streckt sie aus und bewegt diese blitzartig nach unten. Die Kinder wissen, daß sie sich wieder auf ihre Plätze zu setzen haben, und tun es. Sie blicken alle ängstlich zu der alten Frau auf.

»Morgen mittag erwarten wir unsern Bischof«, erklärt sie den Kindern. »Er macht sich die Mühe, uns zu besuchen. Der Bischof will euch sehen. Wenn ihr morgen aus der Schule kommt, werdet ihr alle eure Sonntagskleidung anziehen und brav und anständig sein. Wenn sich auch nur einer daneben benimmt, passiert etwas ganz *Schlimmes*!«

Ihre drohenden Worte kommen bei den Kindern gezielt an. Sie haben Angst vor dem Morgen, Angst, sich daneben zu benehmen, Angst, daß das *Schlimme* unwiderruflich eintreten könnte.

32 Herr Müller, Oberin Andrea, Schwester Emanuela und mehrere andere Schwestern stehen an der großen Toreinfahrt. Ihre Blicke richten sich ungeduldig auf die Straße. Der Heimleiter schaut nervös auf seine Uhr. Dann endlich ist der große Augenblick gekommen. Alle Augen sehen einen schwarzen großen Wagen um die Straßenkurve auf sich zukommen. Alle treten zur Seite, um dem Wagen Platz zu machen, der langsam an ihnen vorbei durch das Tor zur Eingangshalle des Heimes rollt. Mit großen Schritten gehen der Priester und die Schwestern auf das Auto zu. Auf dem Heimvorplatz steht die Musikkapelle, die sich aus alten Heimbewohnern zusammensetzt. Die Musiker fangen an zu spielen, während dem Wagen drei in Schwarz gekleidete Herren entsteigen.

Der Priester geht auf einen älteren, gebrechlichen, grauhaarigen Mann mit Brille zu, der um seinen Hals eine goldene Kette mit goldenen Kreuz trägt. Auf dem Kreuz befinden sich nicht die Jesusfigur, sondern zahlreiche Diamanten, die Jesus darstellen sollen. Der Priester gibt dem Mann die Hand und macht eine tiefe, ehrerbietige Verbeugung.

»Guten Tag, Euer Exzellenz!« begrüßt er den alten Mann. »Im Namen aller Kinder und Erwachsenen heiße ich Sie ganz herzlich willkommen!«

Die Schwestern haben sich hinter dem Priester aufgebaut. Mit erhobenem Haupt geht Oberin Andrea auf den alten Mann zu, der ihr seine rechte zittrige Hand hinhält. Mit göttlicher Verehrung blickt sie in sein faltiges Gesicht. Ihr Blick, der Frömmigkeit und Unterwürfigkeit ausdrückt, richtet sich auf seine faltige Handoberfläche, die sie gottesfürchtig küßt. Die alte Frau verbeugt sich ehrerbietig und blickt dann lächelnd zu ihm hoch.

»Euer Exzellenz, Herr Bischof«, begrüßt sie ihn schwärmerisch, »wir alle und die Kinder besonders sind überglücklich! Wir freuen uns alle!«

Zur Bestätigung blickt sie zu den Mitschwestern, die alle liebevoll lächeln.

Der Bischof wendet sich von ihr ab und blickt auf das Heimgebäude. Mit weit ausgestreckter Hand macht der Gottesmann ein Kreuzzeichen und nuschelt, für die Anwesenden nicht hörbar, vor sich hin. Dann dreht er sich um und folgt den anderen.

Im Aufenthaltsraum sitzen die Kinder regungslos und kerzengerade in den Sonntagskleidern an den Tischen. In ihren Gesichtern ist kein Lächeln. Der gesamte Saal ist feierlich geschmückt. Auf Schränken, Regalen und Tischen stehen Blumen und brennende Kerzen. Herr Müller erscheint im Aufenthaltsraum, gefolgt vom Bischof und seiner Begleitung, Oberin Andrea und Schwester Emanuela.

»Meine lieben Kinder«, sagt Schwester Emanuela in liebevollem Ton und lächelt, »steht bitte auf und gebt Euer Exzellenz, unserem Herrn Bischof, die Hand!«

Die Kinder stehen alle gleichzeitig artig auf. Die in ihnen lebende Angst beherrscht wieder ihre Gefühlswelt. Ihre Herzen klopfen rasend schnell. Einige Kinder zittern leicht, und auf ihrer Stirn bildet sich Angstschweiß.

Schwester Sabine geht auf dem Bischof zu, verbeugt sich gottesfürchtig und küßt die von ihm ausgestreckte Hand. Dann grüßt jedes Kind den Bischof und gibt ihm die Hand. Der Stellvertreter Christi genießt für alle sichtbar diese Unterwürfigkeit. Mit seiner zittrigen Hand geht der Gottesmann über das Haar jedes einzelnen Kindes. Michael, der vor

Müdigkeit kaum seine Augen aufhalten kann und seinen Körper nicht unter Kontrolle hat, schwankt. Mit seinem blauen, geschwollenem Auge steht er vor dem Bischof, der ihn von oben herab irritiert anschaut.

»Mein Junge, geht es dir nicht gut?« fragt der Bischof ihn erstaunt.

Michael schaut den Gottesmann mit seinen traurigen Augen an und schweigt.

»Herr Bischof«, antwortet Schwester Emanuela für Michael, »der Junge bekommt seit einiger Zeit ein Medikament. Der Nachteil ist: Er ermüdet schnell!«

Der Bischof nickt stumm.

Nach dieser herzlichen Begrüßung erhebt der Bischof seine rechte Hand und streckt sie den Kindern entgegen. Dann macht er ein Kreuzzeichen und segnet sie im Namen Gottes. Die Kinder bekreuzigen sich und bedanken sich so für seinen göttlichen Segen. Im gleichen Moment faltet Schwester Emanuela ihre Hände zum Gebet und schließt die Augen. Der Bischof blickt die Kinder der Reihe nach an und winkt Sascha zu sich.

»Mein Junge, wie heißt du?«

Sascha sieht dem alten Mann angstvoll ins Gesicht. Schwester Emanuela, die eben noch liebevoll lächelte, ist plötzlich todernst. Sie geht auf Sascha zu und berührt ihn mit einer Hand an der Schulter. Erschrocken blickt er zu ihr und erwidert dem Bischof:

»Sascha Hesse.«

Nachdenklich schaut der Bischof ihn an.

»Gefällt es dir hier im ›Heim der traurigen Kinder‹?«

Sascha zögert mit einer Antwort. Er blickt erst zu Schwester Emanuela, dann zu Schwester Sabine und dreht sich zu den Kindern um.

»Mein Junge«, wiederholt der Bischof die Frage, »ich habe dich gefragt, ob es dir hier gefällt!«

»Herr Bischof«, antwortet Sascha mit unsicherer, leiser Stimme, »mir gefällt es hier ganz gut!«

Etwas irritiert blickt der Bischof zu Schwester Emanuela, die sich bemüht, ein Lächeln aufzusetzen.

»Mein Junge«, fragt er Sascha noch einmal, »hast du vor jemandem Angst? Du brauchst keine Angst zu haben. Gefällt es dir hier wirklich gut und fühlst du dich hier auch wohl?«

Erneut blickt Sascha in Schwester Emanuelas Gesicht. Die Dienerin Gottes erwidert seinen Blick mit einer strengen, herausfordernden Gesichtsmiene. Vor Angst fängt Sascha an zu zittern.

»Mir gefällt es hier sehr gut, Herr Bischof!« antwortet Sascha schnell.

Sichtlich erleichtert lächelt der Bischof zufrieden. Schwester Emanuela bittet den Bischof und seine Begleitung zum Kaffeetrinken in den Speisesaal.

Im Speisesaal sind die Tische alle mit weißen Tischdecken, Blumen und brennenden Kerzen ausgestattet und wegen dem hohen Besuch mit schönem Porzellan gedeckt. An diese wunderschön zubereiteten Tische setzen sich nun die Kinder. Am Fenster sitzt kein einziges Kind, dort nimmt der Bischof mit Begleitung, Herr Müller, Oberin Andrea und Schwester Emanuela Platz. Schwester Sabine und Fräulein Jung bedienen die Herrschaften mit Kaffee und Kuchen. Die größeren Kinder haben die Ehre, die Kleinen mit Kuchen und Tee zu versorgen.

Der Bischof schaut sich den Saal näher an, und sein Blick richtet sich auch auf die Kinder. Der Gottesmann sieht wieder Michaels blaues und geschwollenes Auge und blickt fassungslos zu dem Priester. Der Stellvertreter Christi deutet mit einer Hand auf Michael.

»Herr Müller«, fragt er, »ich wollte es vorhin nicht vor den Kindern sagen: Der Junge da drüben, der hat ein blaues, geschwollenes Auge. Wie konnte das passieren?«

Schwester Emanuelas Gesicht wird vor Schreck blaß. Mit flehendem und gottesfürchtigem Blick schaut sie zu dem Priester. Dann lehnt sie sich mit einem leichten Aufstöhnen verkrampft im Stuhl zurück. Der Priester blickt ihr tief in die Augen und schaut dann zu Michael.

»Der Junge hat sich mit einem anderen Jungen gestritten, dabei ist das passiert. So sind Kinder nun einmal!« antwortet der Priester dem Bischof im ruhigen Ton.

Der Bischof ist beruhigt und Schwester Emanuela sichtlich erleichtert.

Nach dem Kaffeetrinken führt Schwester Emanuela, mit erhobenem Haupt und voller Stolz, den Bischof durch die ganze Gruppe. Nach dieser Besichtigung geht der Bischof noch einmal in den Aufenthaltsraum, in dem die Kinder spielen, und verabschiedet sich.

Im Gruppenflur geht der Heimleiter besorgt und unsicher auf Schwester Emanuela zu.

»Schwester Emanuela, heute nachmittag kommt Schwester Sabine zu mir. Wissen Sie, was Ihre Mitschwester so brennend auf dem Herzen hat?«

Entsetzt blickt sie Herrn Müller in die Augen.

»Ich weiß nicht, was Schwester Sabine mit Ihnen besprechen will. Vielleicht sehen Sie eine Möglichkeit, mich später über den Inhalt des Gesprächs aufzuklären.«

Herr Müller schaut sie verwundert an und nickt stillschweigend.

Mit dem Bischof, seiner Begleitung und Oberin Andrea verläßt er die Gruppe.

Der Bischof und der Priester betreten gemeinsam die Kirche und lassen sich auf der ersten Bankreihe nieder.

Die Kirchenmänner schließen die Augen, falten die Hände und beten. Es herrscht geradezu Totenstille.

Nach dem Gebet öffnet der Bischof die Augen und geht zu den Beichtstühlen. Der Priester, der den Kopf nach unten gerichtet hält, öffnet ebenfalls die Augen, richtet sich auf und folgt ihm schweigend.

Der Bischof geht in die Kabine, die eigentlich der Priester für sich beansprucht, wenn er den Kindern die Beichte abnimmt. Heute betritt der Priester den Beichtstuhl, der für die Kinder reserviert ist. Die Kirchenmänner schließen schweigend hinter sich die Türen.

Der Priester kniet sich auf die Kniebank nieder, auf dem sonst ein Kind niederknien muß, um sich dem Priester und Gott zu unterwerfen und zu offenbaren. Die Dunkelheit, die durch das dunkelrote Licht leicht durchbrochen wird, ist dem Priester unheimlich. Er richtet seine Augen auf die mit einem roten Samttuch ausgestatteten Wände und die Decke. Dann blickt er zu dem Holzgitter und erkennt schemenhaft das Gesicht seines Bischofs. Ihm wird schlagartig bewußt, daß er von seinem Bischof durch die Holzwand mit dem dort angebrachten Holzgitter räumlich getrennt ist.

Schweigsam schließt der Priester die Augen. Plötzlich fängt sein Herz rasend schnell an zu schlagen, und auf der Stirn bilden sich Schweißtropfen. Sekunden später fängt der Geistliche an zu zittern, und auf der Haut bildet sich eine Gänsehaut. Dem Kirchenmann wird es plötzlich schlecht, und ihn überkommt ein Brechreizgefühl, das er unterdrückt. Mit einer Hand wischt er sich immer wieder den Schweiß aus der Stirn.

Der Bischof blickt durch das Holzgitter und beobachtet ihn einige Minuten stillschweigend.

Mit seiner männlichen Begleitung stehen der Bischof, Herr Müller und die Oberin Andrea an dem großen Wagen, der mitten auf dem Heimvorplatz abgestellt ist.

Der Bischof schaut sich den gesamten Heimkomplex noch einmal an und gibt dem Priester die Hand.

»Herr Müller, ich bedanke mich sehr für den herzlichen Empfang!«

Während er weiterspricht, schaut er andächtig zum Himmel. »Möge Ihnen auch in Zukunft unser Allmächtiger Gott bei allem, was Sie tun, mit seiner göttlichen Güte und Gnade beistehen!«

Die Oberin Andrea geht auf dem Bischof zu, verbeugt sich voller Ehrfurcht und küßt die von ihm ausgestreckte Hand.

»Euer Eminenz, Herr Bischof«, sagt sie im flüsternden Tonfall, »wir haben uns alle sehr gefreut! Es ist für uns alle eine große, große Ehre, daß Sie Zeit gefunden haben, uns zu besuchen!«

Der Bischof lächelt sie dankend an.

Ein Begleiter öffnet dem Bischof die Wagentür, der auf dem Rücksitz Platz nimmt. Während der Wagen langsam anrollt, blickt der Bischof zu dem Priester und zur Oberin Andrea. Der alte Kirchenmann erhebt seine zitternde Hand und macht ein Kreuzzeichen. Dann winkt er ihnen zu. Auch der Priester und Oberin Andrea, die beide Tränen der Rührung in den Augen haben, winken dem Bischof zu.

Der Wagen fährt durch das Tor auf die Straße. Der Priester und die Oberin Andrea schauen und winken ihm hinterher, bis er hinter der Kurve verschwindet.

33 Schwester Sabine sitzt dem Heimleiter, Herrn Müller, in seinem Büro gegenüber. Sie ist unsicher und spielt nervös mit ihrer Goldkette und dem Kreuz, das auf ihrer Brust hängt, herum. Der Priester, der sehr selbstsicher hinter seinem Schreibtisch sitzt, schaut kurz auf seine Uhr und blättert gelangweilt und uninteressiert in einer Akte herum.

»Schwester Sabine, ich habe nicht viel Zeit. Meine Zeit ist sehr kostbar! Also bitte: Was haben Sie auf dem Herzen?«

Schwester Sabine schaut über seinen Kopf hinweg auf das große, an der Wand hängende goldene Kreuz.

»Herr Müller« – sie hält kurz inne, ringt nach Luft und spricht mit unsicherer Stimme weiter – »ich habe große Schwierigkeiten zu akzeptieren, daß man hier im ›Heim der traurigen Kinder‹ unter christlicher Nächstenliebe versteht, Kinder zu demütigen, zu schlagen und zu bestrafen.«

Mit offenem Mund starrt der Kirchenmann sie an. Mit starker Stimme äußert er Worte des Entsetzens.

»Schwester Sabine, habe ich Sie eben richtig verstanden: Sie behaupten, daß hier in diesem christlichem Heim Kinder gedemütigt, geschlagen und bestraft werden?!«

Der Mann hält inne, um nach Luft zu schnappen.

»Wissen Sie überhaupt«, schreit er sie laut an, »was Sie da gerade gesagt haben?«

»Natürlich weiß ich, was ich gerade gesagt habe«, antwortet sie ihm, und ihre Stimme gewinnt mehr und mehr an Sicherheit. »Die Menschenwürde der Kinder wird alltäglich durch Mitschwestern und Mitarbeiterinnen mit Füßen getreten!«

Sprachlos und entsetzt steht der Geistliche vom Stuhl auf und geht auf und ab. Dann bleibt er vor dem Kreuz stehen und blickt die Jesusfigur an. Und während der Priester die Jesusfigur anschaut, spricht er im leisen, ruhigem Ton mit Schwester Sabine.

»Was konkret werfen Sie Ihren Mitschwestern und den Mitarbeiterinnen vor?«

»Ich habe mit eigenen Augen gesehen, wie Kinder geschlagen und getreten wurden. Ich habe mit eigenen Augen gesehen, wie Kinder, ja zum Teil kleine Kinder, gegen Tische, Heizkörper und Wände gestoßen wurden. Ich habe mit eigenen Augen gesehen, wie sie zum Essen oder auch zur Beichte gezwungen wurden. Und noch schlimmer: Kinder wurden gezwungen, von Schwester Ilse im Leichenschauhaus und bei ihrer Beerdigung Abschied zu nehmen!«

Schwester Sabine ist plötzlich nicht in der Lage, weiterzusprechen. Sie ist ergriffen von der Erinnerung an die verschiedenen Mißhandlungen, denen Kinder wehrlos und hilflos ausgesetzt waren und sind. Und sie weiß, daß sie dies immer wieder mitbekommt und schweigt und keinen Protest erhebt. Die junge Frau sieht plötzlich vor sich, wie in einem Film, schreiende, flehende und weinende Kinder, während sie auf das Kreuz blickt.

Ihre Augen werden feucht: Tränen bahnen sich ihren Weg. Aus ihrer Schwesterntracht holt sie ein Taschentuch und wischt sich die Tränen aus dem Gesicht.

»Ich kann und will«, fährt sie fort, »diesen gravierenden, brutalen und unmenschlichen Widerspruch zwischen dem christlichen Auftrag der Nächstenliebe im Rahmen der christlichen Erziehung auf der einen Seite und der kaum vorstellbaren und doch real existierenden Brutalität, die hier alltäglich herrscht, auf der anderen Seite nicht akzeptieren! Ich kann den christlichen Auftrag so nicht erfüllen!«

Wieder hält sie inne und schaut den Priester, der immer noch auf das Kreuz und die Jesusfigur blickt, von hinten an. Die Kirchenglocke ertönt, und Schwester Sabine spricht unbeirrt weiter.

»Herr Müller, ich leide mit den Kindern! Wenn eine Mitschwester oder eine Mitarbeiterin ein Kind schlägt und sich das Kind vor Schmerzen krümmt und laut schreit, dann krümme ich mich innerlich auch vor Schmerz und fange innerlich an zu schreien. Wenn das Kind dann weint, dann weine ich in meinem Inneren mit!«

Der Gottesmann dreht sich zu ihr um. Sein Gesicht ist versteinert und leblos. Dann verändert sich schlagartig sein Gesichtsausdruck. Der Kirchenmann schaut Schwester Sabine mit kalter, strenger Miene an und nähert sich ihr. Breitbeinig bleibt er vor ihr stehen.

»Schwester Sabine«, brüllt er sie an, »ich kann Ihre bösartigen Unterstellungen und Verleumdungen nicht akzeptieren. Überhaupt kann ich Ihre Auffassung von christlicher Erziehung nicht teilen, ich verurteile sie auf das Schärfste!«

Der Gottesmann geht zum Fenster und schließt es.

»Ohne Zucht, Ordnung und Sanktionen«, brüllt er weiter auf die junge Frau ein, wobei ihm Speichel aus dem Mund läuft, den er sich mit dem Ärmel seiner Anzugsjacke abwischt, »sind der Heimalltag und die Heimwirklichkeit nicht vorstellbar. Wenn Sie es konkreter haben wollen: Prügel und Bestrafung sind notwendig, um die Heimordnung und den Heimfrieden zu erhalten und eine erfolgreiche christliche Erziehung, orientiert an Jesus Christus und Gott, dem Allmächtigen im Himmel und auf Erden, zu gewährleisten!«

Schwester Sabine fängt erneut an zu weinen und wischt sich die Tränen aus dem Gesicht. Mit eisernem und kaltem Blick schaut der Gottesmann auf sie herab.

»Wir können hier hochsensible Menschen nicht gebrauchen«, fährt er fort, »sie stellen eine sehr, sehr große Gefahr dar: für die Heimordnung, den Heimalltag, die Gesellschaft und unsere christliche Pädagogik! Ich kann Ihnen nur nahelegen. . .«

Der Kirchenmann hält kurz inne und schreit es dann laut heraus: ». . . Schwester Sabine, verlassen Sie uns sofort: Wenn Sie nicht freiwillig gehen, werde ich über Ihr Mutterhaus dafür sorgen, daß Sie zurückgerufen werden! Sie sind für unser Haus und für unsere Kinder eine große Gefahr und daher nicht mehr tragbar!«

Entsetzt und schockiert blickt Schwester Sabine zu ihm hoch.

»Herr Müller«, erwidert sie mit leiser Stimme, »haben Sie schon einmal so ein Kind schreien gehört und weinen gesehen? Können Sie den Schmerz auch nur annähernd nachempfinden, den ein Kind verspürt, wenn ihm Unrecht geschieht? Herr Müller, können Sie das alles persönlich und vor Gott verantworten. . .?«

»Schwester Sabine«, fällt der Priester ihr im erregten und aggressiven Ton ins Wort, »wir müssen uns alle am Jüngsten Tage vor dem Jüngsten Gericht verantworten. Sie und ich!«

Der Geistliche geht zur Tür, öffnet sie und fordert Schwester Sabine mit einer Handbewegung auf, sein Büro zu verlassen. Schwester Sabine steht langsam auf, und während sie mit langsamen Schritten an ihm vorbei geht, blickt sie, mit Tränen in den Augen, in sein Gesicht. Der Geistliche weicht ihren Augen aus und schließt hinter sich die Tür.

Der Priester geht zum Telefon und wählt eine Nummer. Am anderen Ende der Leitung ist Schwester Emanuela.

»Schwester Emanuela, soeben habe ich mit Schwester Sabine gesprochen. Sie ist für unser Heim nicht mehr tragbar.

Ich habe sie aufgefordert, uns zu verlassen! Falls sie nicht freiwillig gehen sollte, werde ich höchstpersönlich dem Mutterhaus die Abberufung auferlegen!«

Schwester Emanuela ist verwirrt und will mehr erfahren.

»Herr Müller, können Sie nicht konkreter werden?«

»Das ist leider nicht möglich!« erwidert der Leiter und legt auf.

34 Schwester Berta sitzt am frühen Morgen an der Kirchenorgel und blickt auf Schwester Sabine herunter, die über den Mittelgang zum Altar geht. Während die alte Frau auf der Orgel spielt, ertönt die Kirchenglocke. Schwester Sabine kniet sich vor dem Altar nieder und faltet die Hände. Dann schließt sie die Augen, und Tränen der Einsamkeit bahnen sich ihren Weg durch die Augenlider hindurch. Sie öffnet wieder die Augen und schaut mit verschwommenem Blick auf den Altar und zum Kreuz.

Langsam steht Schwester Sabine wieder auf und geht zum Aufgang, der hoch zum Kirchturm führt. Über die Wendeltreppe erreicht sie den Turm und öffnet die Tür, die ins Freie führt. Ihr kommt ein starker Wind entgegen. Hier nimmt sie den Ton der Kirchenglocke in seiner ganzen Lautstärke wahr. Schwester Sabine kämpft gegen die Windstärke an und betritt die Kirchturmplatte. Hastig versucht sie, den Schleier festzuhalten, der wie ihre Schwesterntracht im Winde weht. Doch der löst sich durch einen starken Windstoß und schwebt, getragen vom Wind, über ihre zierliche Gestalt hinweg. Schwester Sabine schreckt kurz auf und schaut dem Schleier hinterher, der sich immer weiter von ihr fortbewegt und ganz langsam auf die Wiese niederfällt.

Im Schlafsaal ist Sascha durch den lauten Glockenton wachgeworden. Er steigt aus seinem Bett und verläßt den Schlafsaal. Langsam geht er im Flur an der Fensterfront entlang und schaut hinaus. Er traut seinen Augen nicht: Auf der Kirchturmplatte erblickt er Schwester Sabine, er kann sie deutlich erkennen, denn die Kirche wird nachts durch Lichtstrahlen erleuchtet. Sascha fängt an zu zittern, Angstschweiß bildet sich auf seiner Stirn, und sein Herz klopft rasend. Er reißt blitzschnell ein Fenster auf und schreit laut aus voller Kehle: »Nein! Nein! Schwester Sabine! Schwester Sabine! Bitte, springen Sie nicht!«

Schwester Sabine zuckt zusammen, blickt auf die Fensterfront und erkennt Sascha.

Dann wendet sie ihren Blick von ihm ab und richtet diesen zum Himmel. Durch die Tränen nimmt sie die am Horizont langsam aufsteigende Sonne nur undeutlich wahr. Während die Tränen über ihr Gesicht laufen, fallen die ersten Sonnenstahlen auf sie.

Die junge Frau löst die Kette mit dem Kreuz von ihrem Hals und hält beides in den Händen. Ihre Augen richtet sie auf den gekreuzigten Jesus, der durch das Sonnenlicht angestrahlt wird. Und während sie ihn anblickt, tröpfeln Tränen auf den Gekreuzigten nieder.

Das Kreuz hält sie fest umklammert und faltet die Hände. Ihre Lippen bewegen sich langsam, sie betet leise.

Schwester Sabine öffnet ihre gefalteten Hände und zieht den goldenen Ring vom Finger ab. Den Ring legt sie zu der Kette mit dem Kreuz in ihrer Hand und faltet wieder die Hände.

Dann geht sie bis zur Absperrung vor und streckt ihre gefalteten Hände weit darüber hinaus. Dann öffnet sie sie. Durch die Öffnung der Hände fällt die Kette mit dem Kreuz und der Ring in die Tiefe.

Schwester Sabine schaut wieder zum Himmel hoch und flüstert: »Mein Gott, mein Gott, warum hast du mich verlassen?«

Verzweifelt und hilflos schaut Sascha zur Schwester Sabine und schreit erneut: »Schwester Sabine, bitte springen Sie nicht!«

Durch Saschas Geschrei sind einige Kinder und Schwester Emanuela wachgeworden. Sie kommen alle zu Sascha ans Fenster. Sascha kann plötzlich nicht mehr sprechen und fängt an zu weinen. Er schaut Schwester Emanuela starr ins Gesicht und zeigt mit einer Hand zum Kirchturm. Schwester Emanuelas Augen, aber auch alle Kinderaugen, folgen Saschas Handbewegung. Ihre Blicke richten sich auf den Kirchturm und auf Schwester Sabine.

»Mein Gott! Mein Gott! Um Gottes willen!« ruft Schwester Emanuela und hält gleichzeitig eine Hand vor den Mund.

Entsetzt blickt sie auf die Kinder herab.

»Ihr geht sofort wieder in eure Betten, sofort!« befiehlt sie mit verzweifelter Stimme.

Einige Kinder gehen wieder in ihr Bett. Die anderen bleiben wie versteinert am Fenster stehen und sehen, wie in allen Fluren des ganzen Heimes die Lichter angehen. Überall werden Fenster aufgerissen. Und sie hören innerhalb weniger Sekunden das laute Geschrei von Kindern und Erwachsenen.

Sascha blickt zur Ausgangstür, rennt auf diese zu, reißt sie auf und läuft die Treppen hinunter. Völlig außer Atem kommt er unten an und öffnet eine kleine Tür, die nach draußen führt. Gezielt läuft er, schwer durchatmend, auf den Kirchturm zu. Er schaut nach oben und sieht Schwester Sabine.

Der Ton der Kirchenglocke und die Orgelmusik sind schlagartig verstummt. Schwester Sabine blickt nach unten und sieht Sascha. Sie klettert über den Absperrzaun, geht dann zum äußersten Rand der Kirchturmplatte und blickt in die aufgehende Sonne.

Dann springt sie in die Tiefe.

»Nein, nein«, brüllt Sascha aus voller Kehle, »Schwester Sabine. . .«

Sascha nimmt den Aufprall ihres Körpers wahr und sieht Schwester Sabine ein paar Meter vor sich bewegungslos auf der Wiese liegen. Langsam geht er auf sie zu und bleibt vor ihr stehen. Nicht weit entfernt sieht er den Schleier, das Kettchen mit dem Kreuz und den Ring liegen.

Sascha richtet seinen Blick auf sie und erkennt in ihrem Gesicht ein Lächeln. Ihre Augen sind weit geöffnet und glänzen durch die Tränen der Einsamkeit und Verzweiflung, die sich über ihr ganzes Gesicht verteilt haben. Ihre Hände sind gefaltet.

Sascha weint jetzt heftiger und fängt noch lauter an zu schreien.

»Mein Gott, mein Gott: warum nur, warum nur?«

Er kniet sich neben Schwester Sabine hin und streichelt zart ihr Gesicht. Mit leiser, schluchzender Stimme spricht er mit ihr und will zunächst nicht wahrhaben, daß sie tot ist.

»Bitte, bitte, Schwester Sabine, wachen Sie auf!«

Sascha bewegt den leblosen Körper und erkennt schmerzhaft, daß Schwester Sabine nicht mehr aufwachen wird. Er faltet die Hände, blickt zum Himmel und beschwört den lieben Gott im Himmel.

»Lieber, lieber Gott, wenn es dich wirklich gibt, so lasse Schwester Sabine wieder aufwachen!«

Hinter sich hört Sascha plötzlich Schreie und Schritte. Er blickt nach hinten und sieht Mädchen und Jungen, Frauen und Männer und Schwestern, die auf ihn zulaufen. Viele haben noch ihren Schlafanzug oder ihr Nachthemd an. Alle bilden einen großen Kreis um Sascha und die tote Frau und bleiben stumm stehen. Ihre Blicke sind auf die Tote gerichtet. Manche fangen an zu weinen.

Schwester Emanuela geht auf Sascha zu und bleibt hinter ihm stehen. Sie schaut über Sascha hinweg auf die tote Mitschwester. Sie nimmt ihren Rosenkranz aus der Tasche, faltet die Hände und bewegt den Rosenkranz zwischen ihren Fingern. Während sie leise vor sich hinbetet, füllen sich ihre Augen mit Tränen. In die beklommene Stille hinein erklingt der dunkle Ton der Totenglocke.

Der Priester taucht plötzlich auf und bleibt fassungslos vor Schwester Sabine stehen. Dann bückt sich der Geistliche zu der Toten nieder und schließt ihr die Augen. Er dreht sich zu Sascha um, der immer noch weinend neben der Toten kniet, und schaut ihm in die Augen.

Sascha erwidert kühl seinen Blick und beugt sich über das Gesicht der Toten. Seine Lippen bewegen sich auf ihre Stirn zu und ruhen dort für ein paar Sekunden. Dann schaut er zum Himmel.

35 Die Kirchenglocke läutet im dunklen Trauerton und durchdringt die dicke Kirchenmauer.

Sascha schaut zum Sarg, der, umgeben von Blumen und Kränzen, vor dem Altar aufgebaut ist. Die Kränze sind mit Schleifen umgeben, auf denen steht: »Gott hat für dich das Himmelreich auserwählt!« – »Lebe wohl, Schwester Sabine!« – »Wir lieben dich alle und werden dich in guter Erinnerung behalten!«

Sascha weint und schluchzt laut auf. Tränen der Trauer laufen über sein Gesicht. Er dreht sich um und bemerkt, daß die Kirche bis auf den letzten Platz voll besetzt ist mit Menschen, die wie er über den Tod von Schwester Sabine trauern. Schwestern, Kinder und ältere Heimbewohner weinen und schluchzen. Viele von ihnen haben Taschentücher vor den Gesichtern. Sie blicken alle zum Sarg.

Auch Schwester Berta hat Tränen in den Augen, die über ihr altes Gesicht rinnen. Die gebrechliche Frau sitzt oben an der Kirchenorgel und spielt mit einer bemerkenswert großen Ausdauer eine Musik der Trauer, der Einsamkeit und der Hoffnungslosigkeit.

Sascha ist von der Musik tief beeindruckt. Das Weinen und Schluchzen nehmen an Intensität zu. Und Tränen kullern vermehrt über sein Gesicht.

Er vermag die Augen vom Sarg, den er wegen der Tränen nur verschwommen sieht, nicht zu lösen.

Ein Meßdiener überreicht dem Priester das Weihrauchfaß.

Der Geistliche segnet den Sarg und dann die Trauernden. Sascha beobachtet den Priester, der völlig unerwartet in Tränen ausbricht. Der Gottesmann geht hinter den Altar, macht eine Kniebeuge und blickt in die Menschenmenge. Mit einer Stimme, der man seine Trauer anmerkt, hält er eine Rede für die aus dem Leben geschiedene Schwester Sabine, während die Orgelmusik weiterhin ertönt.

»Schwester Sabine ist freiwillig aus dem Leben geschieden! Sie hat uns für immer verlassen! Mit ihr verlieren wir eine liebe und aufopferungsvolle Schwester, die mit ihrer ganzen Kraft und großem persönlichen Einsatz für unsere armen Kinder da war. Sie war eine treue Dienerin Gottes auf Erden! Wir werden sie alle in guter Erinnerung behalten!«

Der Geistliche hält inne und wischt sich die Tränen aus dem Gesicht. Dann fährt er fort:

»Die schmerzvolle Antwort auf die schmerzvolle Frage, warum sie ihrem jungen Leben ein so tragisches und nicht faßbares Ende bereitet hat, wird für immer ihr ganz persönliches Geheimnis bleiben. Dieses persönliche Geheimnis wird sie mit ins Grab nehmen!«